U0543078

From "the Belt and Road" to "Global Operations"

The Internationalization Journey of Wenzhou Enterprises in Shanghai in the New Era

从"一带一路"到"全球经营"

新时代在沪温商企业的国际化发展道路

李丐腾 / 主编

王　健 / 常务副主编

厉蓓蕾　吴泽林　胡丽燕 / 副主编

上海社会科学院出版社
SHANGHAI ACADEMY OF SOCIAL SCIENCES PRESS

图书在版编目(CIP)数据

从"一带一路"到"全球经营"：新时代在沪温商企业的国际化发展道路 / 李丐腾主编. -- 上海 ：上海社会科学院出版社，2025. -- ISBN 978-7-5520-4748-6

Ⅰ. F729

中国国家版本馆 CIP 数据核字第 2025G2J242 号

从"一带一路"到"全球经营"——新时代在沪温商企业的国际化发展道路

主　　编：李丐腾
常务副主编：王　健
副 主 编：厉蓓蕾　吴泽林　胡丽燕
责任编辑：邱爱园
封面设计：黄婧昉
出版发行：上海社会科学院出版社
上海顺昌路 622 号　邮编 200025
电话总机 021-63315947　销售热线 021-53063735
https://cbs.sass.org.cn　E-mail：sassp@sassp.cn
照　　排：南京理工出版信息技术有限公司
印　　刷：上海雅昌艺术印刷有限公司
开　　本：787 毫米×1092 毫米　1/16
印　　张：10.5
插　　页：4
字　　数：132 千
版　　次：2025 年 7 月第 1 版　2025 年 7 月第 1 次印刷

ISBN 978-7-5520-4748-6/F·809　定价：158.00 元

版权所有　翻印必究

前记："百年商会"基业长青 壮大"六大平台"赋能发展

上海，是许多温州人创业发展的"宝地"、走向世界的"平台"。据不完全统计，生活在上海的温州人有60多万人，所办企业有9万多家，其中上规模有实力的企业5 000多家，而且拥有多家上市公司。

对于李丐腾而言，上海是他奋斗人生的福地，也是他引领温商抱团发展的港湾。2020年8月6日，在上海市浙江温州商会（简称"上海温州商会"）第二届第一次会员大会上，李丐腾被推选为新一届会长。

在外温州商会是温商抱团打拼、共谋发展的大家庭，也是温州联系在外温商的主渠道。

上海温州商会无疑是在外温州商会中一个重要的战略平台，架设起温、沪两地人才、资金、技术等要素资源流动的桥梁，在引导会员企业反哺温州、发展上海、服务全国、走向国际等方面，发挥重要作用。

"会长，不是一个虚名，会长是要做实事的，坐在这个位置上，要承担很多的压力和责任。”李丏腾说，“对于会长这个职务，我不会戴在头上，我会扛在肩上，放在心坎上。”

“秉承前辈‘敢为人先，特别能创业’的温州人精神，融合上海海纳百川的气势，在新征程上奋力续写好新时代创新史……”李丏腾的就职演讲铿锵有力，他提出站在新的起点上，面对国内外复杂多变的形势，上海温州商会应着力打造“六大平台”：提高温州人形象、弘扬温州人文化和温州人价值观的平台，信息交互、资源整合的创业平台，互看互学、共同进步的学习平台，能体现温州人商行天下、善行天下的公益平台，关爱助力、共叙乡情、分享快乐的友谊平台，关注关心家乡建设、回家乡投资、积极回报家乡的平台。

李丏腾认为，温州商会作为连接政府、市场以及全球产业链的重要节点，有着广阔的创新发展空间，打造基业长青的“百年商会”正当时。

有了这样的目标，李丏腾一接过“会长”的接力棒，便立即行动。他联合各地温商启动全球温商科创中心，推动全球温商企业与国内外科创项目平台交流、互动及合作，并通过建立人才智库，融合和共享全球人才资源。成立全球温商联盟，打破传统单个商协会信息孤岛的局面，实现国内外温州人各商协会之间以及其他组织机构之间共商共建共享，服务温商一起走出国门、走向世界。成立温州市在沪温商慈善基金会，践行“商行天下、善行天下、智行天下”的温商发展理念。同时，李丏腾牵线温州银行为在沪温商企业综合授信100亿元，为在疫情中突围的商会会员企业及时金融“输血”。

自上任以来，李丏腾连续多年被评为“年度异地温州商会优秀会长”“上海市工商联优秀会长”。他表示，上海温州商会将努力发挥“头雁”作用，做深温商资本与科创资源的有效对接，做到服务上海与助力家乡的互促共进，在建设“重要窗口”、践行“两个健康”、强化创新引领、促进开放融合、打造“百年商会”上先行示范，树立新时代温商新标杆。在李丏腾带领下，上海温州商会获得了上海市社会组织评估4A等级，并多次荣获“年度先进异地温州商会”“上海市‘四好’商会”等称号。

CONTENTS 目 录

从“一带一路”到“全球经营”

——新时代在沪温商企业的国际化发展道路

2013年，中国提出“一带一路”倡议，掀开了中国与世界发展的新篇章。10多年来，在各方的共同努力下，共建“一带一路”从中国倡议走向国际实践，从理念转化为行动，从愿景转变为现实，从谋篇布局的“大写意”到精耕细作的“工笔画”，取得实打实、沉甸甸的成就，成为深受欢迎的国际公共产品和国际合作平台。2024年12月，习近平总书记在第四次“一带一路”建设工作座谈会上指出，共建“一带一路”已经进入高质量发展新阶段。要坚持稳中求进工作总基调，完整准确全面贯彻新发展理念，加快构建新发展格局，高举人类命运共同体旗帜，坚持共商共建共享、开放绿色廉洁、高标准惠民生可持续的指导原则，以高质量共建“一带一路”八项行动为指引，以互联互通为主线，坚持高质量发展和高水平安全相结合、政府引导和市场运作相结合、科学布局和动态优化相结合、量的增长和质的提升相结合，统筹深化基础设施“硬联通”、规则标准“软联通”和同共建国家人民“心联通”，统筹推进重大标志性工程和“小而美”民生项目建设，统筹巩固传统领域合作和稳步拓展新兴领域合作，完善推进高质量共建“一带一路”机制，不断拓展更高水平、更具韧性、更可持续的共赢发展新空间。随着“一带一路”建设的提出和深入推进，民营企业积极响应，努力践行，乘着这一新风扬帆起航，已成为“一带一路”建设的重要力量。根据海关总署的数据显示，2022 年，中国民营企业对“一带一路”共建国家进出口 7.85 万亿元，增长 26.7%，占同期中国与共建国家进出口总额的 56.8%，比重比上年提升 3.3 个百分点。《中国民营企业对外直接投资指数年度报告（2022）》指出，“一带一路”总投资中民营企业投资数额过半，民营企业 500 强中，持续数年都有近 200 家企业参与“一带一路”建设。“一带一路”建设为民营企业高质量发展提供了一个历史性机遇：一方面，“一带一路”共建国家和地区的市场需求与中国极为相似或为互补，民营企业把中国的产品、产能、服务等输送到“一带一路”共建国家和地区，能够进一步地扩展中国企业的市场空间，带动伙伴国家和当地社区的共同发展；另一方面，民营企业也通过参与“一带一路”建设，将更好的产品、技术、管理等优质资源带回国内，更好服务于新发展格局的构建。作为市场经济的主体之一，民营企业对“一带一路”倡议的积极响应，是高质量共建“一带一路”和可持续发展的重要组成部分。

温州自古以来是海上丝绸之路的重要节点。改革开放以来，勤劳勇敢的温州人凭着“敢为天下先，特别能创业”的精神，纷纷走出温州、走出中国、走向世界。近年来，有 38 万温州人在共建“一带一路”的 57 个国家和地区经商创业，助推了当地的发展。其中，上海温商企业，一方面胸怀“国之大者”，紧紧围绕国家发展战略和上海“五个中心”建设目标，持续加强研发投入，抢占行业发展机遇，不断推动企业由“制造”向“创造”转型升级；另一方面，主动拥抱海外市场，抢抓机遇、积极布局、加速出海，已成为共建“一带一路”的先行者和高质量共建“一带一路”的生力军，通过拓展全球业务网络、加大海外投资力度、推动高质量发展等，在海外市场逐步站稳脚跟，并架设起了中国与“一带一路”共建国家沟通与合作的桥梁。

拓展全球业务网络

共建“一带一路”为民营企业进一步“走出去”提供了重要动力。对于上海温商企业来说，走出温州、走向全国、走进全球是企业发展的关键三部曲。在共建“一带一路”的政策护航下，上海温商企业纷纷投身海外业务，积极开拓“一带一路”共建国家和地区市场，推动中国的优质产品走向世界各地，同时推动一个个中国品牌打响世界市场，赢得越来越多国家和民众的认可。

早在 1997 年，正泰集团股份有限公司（简称“正泰”“正泰集团”）就开始建立国际营销网络，获得进出口经营权，产品从亚非拉新兴市场拓展到美欧国家市场，与 80% 以上的“一带一路”共建国家建立了不同程度的合作关系，已深度融入全球产业链中，成为共建“一带一路”民企的“先行者”。中通快递股份有限公司（简称“中通”“中通快递”）坚持全球化发展战略，2014 年成立中通国际，逐步开拓东南亚、中东、欧美、日韩、大洋洲、非洲等地业务，开展了保税、直邮、仓配一体、专线等多元化、多品类的跨境物流业务，在柬埔寨、新加坡、老挝、缅甸等国家建设海外网络，落地业务直接服务当地市场。中通投资品牌“速达非”

在加纳、乌干达、肯尼亚、尼日利亚、摩洛哥、埃及、巴基斯坦构建了覆盖全境的快递网络，提供当地快递、零担、仓储等服务。上海凯泉泵业（集团）有限公司（简称“凯泉”“凯泉泵业”）始终从细节入手，主动服务于中资企业的海外终端客户，例如，与上海电气集团股份有限公司一起活跃在印度和俄罗斯市场，与青山控股集团有限公司、浙江德创环保科技股份有限公司等携手共建印度尼西亚新能源产业工业园。凯泉泵业还先后在越南、泰国、马来西亚、印度尼西亚、埃及、俄罗斯等国发展代理商，借此进一步细分行业和终端用户领域划分市场，扫除了市场盲点。自国家提出“一带一路”倡议以来，凯泉泵业已为全球各类电厂提供泵品 2 万多台，涉及项目 40 个。“一带一路”倡议为上海荣泰健康科技有限公司（简称“荣泰”）海外业务发展提供了新机遇，荣泰先后在伊朗、蒙古、老挝、阿联酋、科威特等国家，与当地客户达成品牌代理合作，打破传统海外业务的贴牌形式生产，让荣泰品牌走向世界。同时，基于不同市场的消费习惯、文化习俗、风土人情等，荣泰采取本土化战略，追求市场拓展的多元化、多样化、差异化经营，让产品在海内外既有相同又有差异，更好迎合当地的市场需求。2014 年，浩力森涂料（上海）有限公司（简称“浩力森”）在德国、日本注册商标，成立海外事业部，此后产品远销伊朗、印度、巴基斯坦、土耳其、泰国、阿尔及利亚、越南、俄罗斯、孟加拉国、印度尼西亚等全球 30 多个国家和地区，并设立了许多技术服务点，不断完善“一带一路”共建国家的市场布局，接连取得了一系列的成绩，让“浩力森元素”出现在更大的世界舞台。

早在 2001 年，康奈集团有限公司（简称“康奈”“康奈集团”）就在法国巴黎最繁华的商业街开设了首家专卖店，是中国鞋企在海外开设的第一家。此后，康奈集团在美国、意大利、英国、哈萨克斯坦、越南等10多个国家开设专卖店和专卖柜，最高峰时达200多家。上海浦东电线电缆集团（简称“浦东线缆”）紧跟国家对外援助项目，很早就进入商务部制定的对外援助成套项目主要设备材料产品行业推荐名单，成为中国基建企业在海外电力工程领域的重要供应商，参与了巴基斯坦瓜达尔新国际机场和拉合尔轨道交通橙线项目、刚果（金）金沙萨中部非洲国家文化艺术中心和加丹加省综合医院项目、埃塞俄比亚河岸绿色发展项目等，已向东亚、南亚、中东、南美、非洲等地区的20多个国家出口电线电缆。俄罗斯鑫尔泰集团（简称“鑫尔泰”）积极参与“一带一路”建设，是最早赴俄投资发展的企业之一，也是俄罗斯华商企业中最早尝试电商平台建设的“吃螃蟹的人”，通过统筹实体门店和线上官网，实现线上下单、门店提货，减掉了物流费用，顾客受益不少，到2025年，莫斯科、叶卡捷琳堡、新西伯利亚、符拉迪沃斯托克等俄罗斯主要城市的11家门店已全部接轨。同时，鑫尔泰成功促成“义新欧班列温州号特色专列”从温州始发，改变了以往温州出口货物需在金华南站拼箱的“小车转大车”模式。共建“一带一路”既重视“走出去”，也强调“引进来”，这将平湖·国际进口商品城推到聚光灯下，一方面，其已与全世界几十个国家建立贸易合作关系，海外直采商品达5 000余种，在德国、法国、意大利、葡萄牙、菲律宾、日本、韩国设立采购办事处，建立了独具优势的F2C购销一体化模式。另一方面，平湖·国际进口商品城在甘肃兰州和山东威海分别建立了国际进口商品城，在上海、浙江、天津等地开设热唯（RE&WE）国际进口商品旗舰店、爱百分连锁便利店、洋百分跨境电商体验店，朝着最具特色与活力的进口商品交易平台迈进。

加大海外投资力度

在目前大国激烈博弈、国际经贸格局加速演变、中国与传统发达贸易伙伴间贸易投资关系面临深刻调整的背景下，进一步加强与“一带一路”共建国家和地区的投资合作，对中国深化高水平开放、激发高质量发展动力、增强中国式现代化发展活力、加快构建新发展格局等具有深远意义，上海温商企业在这方面务实推进。

为了把上游镍生产主导权掌握在自己手中，解决“卡脖子”困境，2013 年青山实业向上游延伸产业链，在印度尼西亚设立中国–印度尼西亚综合产业区青山园区，将当地的镍资源优势转化为经济优势。青山园区已经建成世界首条集采矿—镍铬铁冶炼—不锈钢冶炼—热轧—退洗—冷轧及下游深加工产业链，成为拥有海、陆、空立体运输通道、生产和生活配套设施完备的现代化大型工业园区。以青山为代表的中国企业投资印度尼西亚冶炼不锈钢、镍铁，使得印度尼西亚实现不锈钢产量从几乎为零跃升至全球产量第二。青山实业还将足迹延伸至美国、津巴布韦和阿根廷，成为跨国集团公司，为进一步整合全球资源探寻空间。正泰高度重视国际化版图，2015 年成立正泰香港，加速国际业务布局。2017 年正泰在埃及建成了第一家海外制造工厂，2020 年整合各产业海外资源，对海外业务进行重组，正式成立正泰国际，作为集团全产业链的海外发展平台。在德国、西班牙、泰国、伊朗、新加坡等国，通过收购与开办工厂等方式，正泰积极开展资本“走出去”战略，造就了多个标志性项目，产业项目闪耀“一带一路”朋友圈，成功打造新形势下合作共赢的新范式。凯泉泵业在全球 30 多个国家建立办事处的同时，也在筹建海外工厂。在东南亚地区将进行首个海外制造基地布局，直接和国际品牌竞争，也会协助技术中心筹建海外相关研究院，布局高端技术人才和高端产品开发，同时建立符合国际标准的海外产品生产、质量、服务体系，用硬实力打造“中国制造”新名片。

借助海外优势也是民营企业加大海外投资的重要原因。除了构建全球销售网络和加大国际营销力度，当前荣泰还积极推动泰国生产基地的建设，旨在借助东南亚劳动力市场优势、拓展新兴的东南亚市场，并在复杂的国际环境变化下推动供应链和生产韧性。康奈集团坚持“走出去、走进去、走上去”的国际化品牌发展之路，是民营企业建设海外园区的探路者。2006 年，康奈集团赴俄罗斯牵头投资组建俄罗斯乌苏里斯克经贸合作区，该园区成为全国 8 个首批国家级境外经贸合作区之一，开辟了温州鞋业进入俄罗斯市场的全新通道，标志着温州成为全国建设海外园区的探路者，也有效规避了贸易壁垒，避免了“灰色清关”的风险。近年来，浦东线缆也在全球寻找比较好的投资机会和投资目的地，在保持稳健的基础上尝试开展对外投资，借助在标准和产品认证上的契合度以及依托当地良好的合作伙伴，集团正计划在菲律宾投资建厂，以期为菲律宾国内电力供应以及东南亚的互联互通贡献自己的一份力量。鑫尔泰着力打造以依托国内优势技术、资源，围绕主业鞋类出口延伸境外莫斯科商贸城、乌苏里斯克经贸合作区、中欧物流班列及外贸综合服务平台等业务，致力于将物美价廉的中国制造源源不断供应给民需匮乏的俄罗斯及中亚各国，力争做“一带一路”中俄民企典范，为中俄民间贸易贡献积极力量。

推动高质量发展

近年来，伴随着新一轮科技革命和产业变革的演进，绿色和数字转型成为大势所趋。无论在国内还是国外，绿色、智能、数字、低碳、可持续的发展理念已经深入人心。对中国来说，绿色丝绸之路和数字丝绸之路是高质量共建“一带一路”的重要组成部分，大力推动产业绿色化和数字化是“一带一路”建设的特色和亮点。同时，上海温商企业在海外积极履行社会责任，推动构建和谐友好的当地社区环境。

在绿色转型方面，为推动新能源汽车产业发展，2018 年青山实业与法国埃赫曼共同启动投资建设印度尼西亚纬达贝工业园区，引入生产三元电池原料相关产业，作为镍合金冶炼及新能源产业初级材料的加工生产基地，并面向世界供应，助推汽车电动化转型发展。为践行绿色发展理念，正泰将绿色转型深度融入“一带一路”建设，打造绿色新基建，在全球发展大会上发布《正泰电器碳中和白皮书》，公布将于 2028 年实现运营碳中和（包含碳抵消），2035 年实现运营净零碳排放，建立完善的价值链碳排放管理体系，2050 年全价值链实现净零碳排放。为此，正泰自 2009 年便开始布局海外光伏电站开发和建设，足迹遍布世界各大洲。2021 年正泰在埃及承建完成的本班光伏产业园为埃及光伏产业发展提供了宝贵经验，输送了源源不断的清洁电力，也将绿色发展理念带到当地，实现了企业与当地经济、社会融合发展。2015 年正泰还与 Graphenano 合资成立 Grabat 公司，联合开发高性能石墨烯电池，进军储能新材料领域。作为涂装行业的国际领先企业，浩力森在降低挥发性有机物含量方面的努力坚持不懈，开发出减少能源消耗量的低碳涂料和粉末涂料，这不仅改变了人们对涂装行业高能耗、高排放的刻板印象，助益和引领中国涂装行业的绿色低碳发展和技术转型升级，也在产品“走出去”过程中打响了绿色环保品牌，为绿色丝绸之路建设和共建国家绿色转型做出了贡献。

在数字化赋能方面，正泰近年来在高质量发展中形成的产能优势、技术优势、产品优势等在国际上输出，通过打造数字化、智能化、本土化产业链，带动了中国技术标准和服务“走出去”。在泰国逐步建成光伏组件、逆变器工厂等产业集群，并依托正泰工业互联网云平台，导入“产业大脑 + 未来工厂”智能制造技术，实现了国内外生产线的同步管理。数字和智能也改变和提升了许多发展中国家的购物体验，只要有网络，只要轻轻点击鼠标，处在世界任何角落的人们都能够借助中通快递随时分享到全球各地的特色产品，充分感受到中国物流的速度、服务和品质，切身享受到拆快递的幸福感和那份收获的喜悦。面对全球年轻群体的需求，康奈集团早已开始关注数字化进程与企业战略相结合，2015年提出打造“康奈云店”、2018 年开启“云定制商城”等。新冠疫情暴发后，康奈集团全面开启直播卖货，2020 年 5 月 28 日在淘宝的“品牌直播日”中，康奈集团直播触达客户超过 895 万人，高居天猫“6・18”大牌鞋履小时榜第一位。

在企业社会责任方面，青山实业建设的产业园区大量雇用当地工人，园区的迅猛发展带动了商业配套和周边就业，成为当地经济社会发展的有力推动者。青山实业还为村庄供电，修建学校和足球场，资助当地医院建设，协助当地政府和大学设立学院，为学生提供免费住宿和实习岗位。园区与当地分享发展成果，共享发展机遇，使当地人收获更好的工作和生活，更让彼此的归属感日益加深。在发展业务的同时，鑫尔泰致力于共同富裕，热心公益不遗余力，多年来通过不同渠道向俄罗斯慈善基金会、俄罗斯孤儿院福利院、俄罗斯老兵协会等有困难的群体捐款捐物，树立海外国人的良好形象，累计捐款达 20 余万美元。

民营经济是推进中国式现代化的生力军，是高质量发展的重要基础，是推动我国全面建成社会主义现代化强国、实现第二个百年奋斗目标的重要力量。改革开放以来，民营企业也一直是我国开展对外开放合作的生力军，推进共建“一带一路”走深走实也离不开民营企业的巨大贡献。2023 年 7 月，中共中央、国务院发布的《关于促进民营经济发展壮大的意见》明确指出，鼓励民营企业拓展海外业务，积极参与共建“一带一路”。从温州地图、中国地图到世界地图，上海温商企业转着地球仪，随着“一带一路”倡议的新风越来越走向国际化，充分发挥其市场嗅觉灵敏、灵活性强的优势，迅速准确地把握共建国家的市场需求，开展高水平的国际经济合作。目前，共建“一带一路”已经进入高质量发展新阶段，上海温商企业将继续积极投身其中，以高质量的产品和服务，为共建“一带一路”高质量发展贡献力量，推动我国在全球价值链上的不断跃升，并努力成为我国现代化经济体系的重要基础和实现中国式现代化的有生力量。

全球不锈钢和新能源行业的主力军

——青山实业

制造业是中国国民经济的重要支柱和基础，对经济社会发展起着十分重要的作用。改革开放40多年来，中国制造业发展已经取得了巨大的进步，拥有世界上规模最大、门类最全的制造业体系和丰富的高素质技术人才，产业链配套能力全球领先，并且在许多非常重要的领域解决了“卡脖子”难题，具有了较强的全球竞争力。当前，新一轮科技革命和产业变革蓬勃兴起、加速演进，正在重塑全球制造业版图，这就要求中国制造业在新的变化背景下，继续抢占今后一段时期产业发展的制高点，加快向高技术水平、强生产效率、高附加值的产业领域和价值链环节迈进，加速向数字化、绿色化、知识化方向发展，提升“中国制造”的国际影响力。可以说，制造业发展正在呈现出新的转型升级趋势。青山实业是中国制造和转型升级的代表性企业，作为一家民营企业，它的发展足迹从温州走向全国再遍布全球。青山实业一举打破镍基础资源限制，不仅突破关键技术发展成为不锈钢和镍铁行业龙头，还紧跟全球绿色化转型步伐，全产业链进军新能源行业。

青山集团投资建设的印度尼西亚青山园区

从不锈钢到新能源

青山实业起步于20世纪80年代。1988年，项光达先生创办了浙江瓯海汽车门窗制造公司，在国内的汽车门窗主要依靠国外进口和供不应求的市场环境下很快赚到了“第一桶金”。在此过程中，项光达敏锐地意识到，相较国外知名车企门窗的全自动化规模生产，自己生产汽车门窗在效率和质量方面都没有优势，必须谋求转型，他将目光转向了在当时还是稀罕物的不锈钢。于是，1995年浙江丰业集团组建，开始深入研究不锈钢技术，并广纳技术专家，这也是中国最早生产不锈钢的民营企业之一。1998 年，浙江青山特钢公司成立，成为当时中国最大的民营不锈钢生产企业。2003 年，青山实业的第一个集团公司——青山控股集团成立，此后，青山实业又相继成立鼎信集团、青拓集团、永青集团、永青科技集团，形成青田、福建、广东和印度尼西亚、津巴布韦等国内外各不锈钢生产基地联动发展的格局。2008 年 3 月，青山实业在福建生产基地建立了世界第一条 RKEF-AOD 不锈钢一体化生产线，这一生产线可将炼钢成本节约 30% 以上。青山实业自此发展成为全球不锈钢生产工艺的革新者和行业引领者。此后，青山实业继续加大技术研发投入、开拓海外业务投资，建立了培养人才的青山商学院，并在 2017 年开始进军新能源行业，携手国际、国内合作伙伴，力图打造“镍钴矿产资源开采—湿法冶炼—前驱体—正极材料—电池应用”的新能源全产业链。青山实业发展至今，覆盖了制造、销售、仓储、投资、大宗商品原材料进出口等各领域，已经形成了镍、不锈钢和新能源三大主营业务。一方面，根植于不锈钢和镍产业，形成超过 1 800 万吨不锈钢粗钢产能、130 万吨镍当量产能的规模，主要生产不锈钢板材、棒线材、无缝管等产品，广泛应用于建筑、制造、化工、医疗、食品、能源和航空航天领域。青山实业致力于打造高品质、低成本、节能环保的不锈钢产品，生产美观卫生的不锈钢制品，满足人们不断提高的对美好生活的需求。另一方面，青山实业积极向新能源领域拓展，生产新能源领域的原材料、中间品及新能源电池，主要应用于储能和动力电池等领域，旨在为人类的绿色可持续发展贡献力量。2024 年，青山实业连续六年荣登《财富》世界 500 强，位列第 265 位，2024 年在中国企业 500 强中位列第 70 位，在中国民营企业 500 强中位列第 15 位，具有强大的国内和国际竞争力。

展开全球布局

青山实业坚持创新驱动发展，专注成就卓越，不断创新生产工艺、拓展产业领域，已经形成了贯穿不锈钢上中下游的产业链，生产基地除国内福建、广东、浙江外，还积极将自身推向全球，向印度尼西亚、印度、美国、津巴布韦和阿根廷延伸足迹，成为跨国集团公司，为进一步整合全球资源探寻空间。

对于不锈钢制造来说，镍是上游的关键矿产，中国作为不锈钢生产和消费第一大国，镍资源的储量和分布远不能满足供应，主要依赖进口。从长远看，不锈钢冶炼乃至下游产业链会面临资源供给不稳定的问题。为了把上游的镍生产主导权掌握在自己手中，解决“卡脖子”困境，青山实业寻求向上游延伸产业链，形成“资源＋生产”的产业链一体化。项光达先生曾经坦言：“制造

2015 年 5 月 29 日，印度尼西亚佐科总统（左三）亲临青山园区，宣布首个入园项目正式投产并发表重要演讲

技术都可以学，但资源匮乏就特别难。”2008年，正值全球金融危机爆发，众多跨国矿企遭到冲击，青山实业积极抓住机遇，走进世界上红土镍资源最丰富的国家之一——印度尼西亚。2009年，鼎信集团与印尼八星集团合资设立苏拉威西矿业投资有限公司，获得了占地4.7万公顷的印尼红土镍矿的开采权。2013年10月2日，在中国和印尼两国元首的共同见证下，中国-印度尼西亚综合产业园区青山园区设立，首个入园项目协议签署，该项目成为两国重要的商务合作项目，也是共建“一带一路”倡议落地印度尼西亚的重点项目之一，得到了两国政府的高度关注和大力支持。印度尼西亚青山园区建成运营后，积极将当地的镍资源优势转化为经济优势，逐步构建起镍铁和不锈钢生产、加工、销售的产业链，并通过招股引资的方式吸引中国、日本、法国、澳大利亚等国的优秀企业合作、优势互补。2015年，印度尼西亚总统佐科亲率五位部长及省长、县长视察印度尼西亚青山园区，宣布首个入园项目——SMI年产30万吨镍铁项目正式投产并发表重要演讲。至2019年，印度尼西亚青山园区已经建成世界首条集采矿—镍铬铁冶炼—不锈钢冶炼—热轧—退洗—冷轧及下游深加工产业链，此外还有火电、焦炭、兰炭、物流码头等配套项目，成为拥有海、陆、空立体运输通道、生产和生活配套设施完备的现代化大型工业园区。以青山为代表的中国企业投资印度尼西亚镍矿开发、镍产品冶炼和生产、不锈钢制造，使得印度尼西亚创造了不锈钢产量几乎从零跃升至全球产量第二的奇迹，一个很直观的感受就是，青山实业进入印度尼西亚后，配套生产建成了许多基础设施如建筑、码头、电厂等，使基础设施全无的荒岛变成了镍产品和不锈钢生产的世界级基地，呈现出现代化的气息，并为当地创造数万个直接就业岗位和更多的间接就业机会，推动了当地乃至印度尼西亚国家的经济发展。印度尼西亚海洋与投资统筹部部长卢胡特

基础设施——园区码头

多次前往青山园区考察工厂，感谢中企为印度尼西亚带来先进冶炼与工程技术，认为中国投资将给印度尼西亚冶金工程技术的本土化发展带来深远影响。2016 年 8 月，印度尼西亚青山园区获得中国商务部、财政部联合发文确认的境外经济贸易合作区殊荣。2018 年 10 月，印度尼西亚政府批准印度尼西亚青山园区为保税区。

2017 年 6 月 8 日，青山实业与世界矿业巨头法国埃赫曼签署合作协议，投资建设印度尼西亚纬达贝工业园区，其地处的北马鲁古省哈马黑拉县，拥有世界级红土镍矿资源。工业园区于 2018 年 8 月启动，2020 年首个项目投产。利用矿区丰富的镍矿资源，此工业园区主要生产用于不锈钢和新能源电池制造的镍产品，在强化青山实业传统不锈钢产业的同时，也大力服务于青山实业向新能源产业拓展的需要，重点助推电动汽车产业发展。同时，青

基础设施——园区自建机场

山实业积极履行社会责任，造福当地社区。青山实业在印度尼西亚两个园区目前雇用超过 15 万名印度尼西亚工人，园区的迅猛发展带动了周边商业配套和就业，成为当地经济社会发展的有力推动者。

在印度尼西亚两个工业园区周边，青山实业为村庄供电，修建学校和足球场，资助当地医院建设，协助当地政府和大学设立学校，为学生提供免费住宿和实习岗位。园区与当地分享发展成果，共享发展机遇，使当地人收获更好的工作和生活，更让彼此的归属感日益加深。当地村民感慨道："村里商业活动日益活跃，进出道路从无到有，正从曾经的原始丛林变身充满活力的山间小镇。"与此同时还积极推动人才本土化，通过"师带徒""传帮带"等形式培养印度尼西亚员工。与此同时，青山积极响应"双碳"

基础设施——园区电厂

目标，践行可持续发展，投资建设太阳能和风能等清洁能源供给园区，并规划继续扩大投入以及建设水力发电，进一步提高清洁能源的供应保障。

除了在印度尼西亚大规模的镍和不锈钢产业的布局和落子，在美国，青山实业与当地合作伙伴合资设立不锈钢下游加工企业，面向当地市场销售冷轧产品；在津巴布韦，投资建设高碳铬普碳钢和锂辉石加工等生产项目；在阿根廷，青山实业持续开展锂资源开发和配套关键设施的建设。青山实业全球化发展的脚步不曾停歇，在持续完善镍、不锈钢和新能源产业链资源保供的同时，将青山发展成果分享给更多的合作伙伴、员工和东道国民众。

青山实业根在温州，志在四方。项光达先生曾表示，青山发展的第一个十年，是立足温州的十年；青山的第二个十年，是拿着中国地图，辗转上海、福建、广东等地，谋求更好、更快发展的十年；青山的第三个十年，则是转着地球仪，沿着“一带一

青山实业在印尼第二个园区——纬达贝园区

路”共建国家走向“国际化”的十年。当前，青山实业正持续深化在资源端布局，以技术和创新赋能镍、不锈钢和新能源三大主业，在巩固发展的同时继续加快全球化步伐，积极融入和参与共建“一带一路”，树立了“一带一路”上合作共赢和社会责任的新标杆，不仅展现了温州民企的实力和温州人“敢为天下先”的开拓精神，还以青山特色践行了人类命运共同体理念。

【专家点评】

长期以来，中国在海外钢铁投资领域存在短板。一方面，中国资源企业“走出去”缺乏总体性布局，对外钢铁投资的统一规划和整体战略不足；另一方面，钢铁行业标准和定价受制于美西方公司。然而，近年来，青山实业凭借自身创新能力和全球化视野，探索出一条创新驱动、技术领先、社会责任彰显的发展道路，为中国制造业的转型升级和“走出去”提供了优秀的实践样本，值得予以充分肯定和推广。以“青山实业”为代表的企业出海，不仅在钢铁制品等领域取得了成功，还助力了中国软实力的提升。青山实业作为中国制造业的代表，从传统汽车零部件起步，逐步进军不锈钢行业并成为领军企业，再布局新能源产业，体现了企业顺应时代潮流，主动转型升级，为中国制造业高质量发展树立了标杆。尤其在不锈钢和新能源领域展现出强大的全球竞争力和适应力，其“走出去”经验、案例和长期发展战略令人印象深刻。

首先，青山实业不锈钢和新能源出海的意义。

第一，出海发展，推动制造业“走出去”，确保产业链升级。青山实业通过上游资源的全球布局，尤其是在印度尼西亚的镍矿投资与深加工，一举解决了不锈钢生产关键原材料镍的供应问题，从根源上增强了全球产业链的稳定性和可控性。特别是青山实业不断拓展海外市场和投资，从镍矿资源开采到新能源电池的全产业链建设，青山实业顺应了全球绿色转型趋势，为电动车和储能领域的可持续发展贡献了重要力量。在印度尼西亚、美国、津巴布韦等国家建立生产基地，形成了全球化布局，因此青山实业凭借自身技术优势，实现了从矿产资源到终端制造的全产业链布局。特别是技术创新与模式创新的融合，青山实业通过自主研发及创新生产工艺，降低成本、提升效率，同时以一体化的产业链模式将竞争优势最大化，成为行业标准的引领者。这不仅增强了企业的抗风险能力，也为其他企业树立了产业链整合的典范。这种做法有利于提升中国制造业的整体竞争力。

第二，与“一带一路”倡议紧密结合。青山实业善于抓住机遇，整合全球资源，成为中国企业“走出去”的代表性案例，为“一带一路”建设做出了积极贡献。青山实业在“一带一路”共建国家的投资，如印度尼西亚青山园区和纬达贝工业园，不仅提高了自身的生产能力，还带动了当地基础设施建设和经济发展，为中国制造建立了良好的声誉。

第三，重视社会责任与本地化。青山实业在印度尼西亚等海外投资园区时，不仅注重自身发展，还关注当地的就业创造和基础设施建设。他们与当地政府和社区积极互动，通过技术输出、人才培养等方式，带动当地经济社会发展，体现了中国企业的责任担当。这种做法也有利于增进中国企业的国际形象。青山实业在东道国实施积极的本地化策略，如就业创造、基础设施建设和人才培养等，既履行了社会责任，也为企业在国际市场赢得了信任和支持。

其次，青山实业对中企出海的借鉴意义。

青山实业的不锈钢和新能源出海采用“以园区为模块、以印尼等‘一带一路’国家为单元”的模式，实现“连点成线、集线成面”的企业出海可持续发展理念，这种国际化和可持续发展的理念有助于推动中国资源产业出海合作。青山不锈钢和新能源的成功出海也离不开在地化发展，园区在地化的探索方式向“一带一路”共建国家传播了中国国内特色制造业与新能源产业模式理念，进而有助于中国软实力的提升。

青山实业的不锈钢出海还把我国的优势产能向其他需求国转移。根据中国当前成品钢的贸易流向和贸易量，以青山实业为代表的出海企业将印度尼西亚等作为转移接收国进行产业布局，实现了供需匹配的产能转移。优势产能转移到共建“一带一路”的基建需求大国，技术与人才也一并被纳入国际经济交流合作中。对于我国而言，出口带来的高产能和高产量是制约我国资源安全的重要因素，削减这部分将直观地降低资源安全供给的压力和风险。另外，炼钢行业能源消耗较大，转移优势产能是一项互利共赢的举措。

最后，对青山实业未来海外战略的建议。

青山实业的发展路径充分展现了中国制造的全球化和创新能力。通过持续的战略优化，青山实业有望在国际舞台上扮演更加重要的角色，成为全球工业与新能源领域的标杆企业。

第一，在气候变化和能源转型背景下，青山宜深化企业在钢铁等制造业的绿色转型。建议继续加大在清洁能源领域的投入，如扩大太阳能、风能和水电设施的建设，探索绿色钢铁的不锈钢产业开发，在印度尼西亚发展相关碳捕集和利用技术，以满足“双碳”目标和全球可持续发展的需求。

第二，青山加强本地化管理与文化融合，在海外运营中，进一步完善本地化团队建设，增强跨文化沟通能力，并通过持续的人才培养计划，深化与东道国的经济、社会文化融合，可以进一步加大品牌影响力建设，在国际市场进一步塑造品牌形象，通过高质量产品和社会贡献，提升“青山”品牌的全球认知度，为企业开拓更多合作机会。

第三，青山宜探索多元化市场与产业。除了新能源和不锈钢，青山实业还可以拓展在高端制造、新材料等领域的布局，以分散经营风险，同时捕捉更多市场机会。青山还应推进数字化与智能化赋能，在全球生产网络中引入更多数字化和智能化技术，如工业物联网和大数据分析等，以提高生产效率和供应链灵活性，来应对全球市场的快速变化。

第四，加强青山和当地社会的合作，强化国际运作和全球视野能力，要建设青山“长期走出去”和“百年老店”战略，避免短视行为。青山宜借助国际非政府组织开展沟通宣传，培养中国跨国企业的社会责任感，加强融入所在国社区的能力，共同打造青山，持续获取印度尼西亚和“一带一路”共建国家资源与市场的软实力。（于宏源，上海国际问题研究院公共政策与创新研究所所长、研究员）

共建绿色“一带一路”的民企“先行者”

——正泰集团股份有限公司

从“中国制造”迈向“中国智造”、从“产品出口”到“品牌输出”，科技创新已成为中国品牌全球化的首要标签，中国产品、中国服务、中国标准持续扬帆“出海”，成为国际市场上耀眼的“中国名片”。正泰集团创新发展40年来，围绕实业和创新驱动发展的理念，聚焦电力装备与新能源产业链，持续深耕“绿色能源、智能电气、智慧低碳”三大板块和“正泰国际、科创孵化”两大平台，成为全球知名的智慧能源系统解决方案提供商。正泰从无到有、从工业电气到绿色能源、从中国制造到全球智造，并与80%以上的“一带一路”共建国家建立了不同程度的合作关系，成为共建绿色“一带一路”民企的“先行者”。目前已设立北美、欧洲、亚太及北非海外研发中心、六大国际营销区域、20多家国际子公司以及国际物流中心，为140多个国家和地区提供产品和服务，全球员工5万余名。

正泰集团董事长南存辉在接受采访时曾提到，正泰的“地瓜

正泰（乐清）物联网传感产业园

经济”策略，是在扎牢根基的基础上，通过“蔓藤出去，把营养收回来为我们所用”，即企业要“修炼内功”，通过创新持续推出有竞争力的新产品、新服务和新模式。浙江首先提出的“地瓜经济”理论，是指通过“走出去”和“引进来”的策略，政府搭好平台，改善营商环境，全面引资引技引智引才，鼓励和支持企业创新，实现企业的全球化发展，并促进地方经济的整体提升。正泰践行的“地瓜经济”理论和国际化战略，深度参与全球产业分工和合作，响应共建“一带一路”倡议，走出了一条“产品走出去，服务走进去，技术走上去”的全球化之路，不仅在全球市场上取得显著成就，也为中企“出海”提供成功案例。

走出转型“升维”之路，布局全球品牌

正泰起步于温州，最初规模很小，人员主要来自温州当地。南存辉曾说正泰 30 多年的发展，是从“温州话”到“普通话”再到“英语”，即从一个立足温州的“地方性工厂”到叫响国内的“全国性企业”再到走向世界的“国际化公司”的过程。正泰将这一过程概括为“三级跳”。

第一跳——走出温州

正泰集团前身是 1984 年创办的乐清县求精开关厂，当时国内低压电器还没有技术标准，也没有专业工艺。少数经营者利欲熏心，以次充好、以假乱真。从柳市销售出去的电器产品发生了严重的质量问题，各地电力工程事故频发，在全国造成了极坏的影响。处在那样的背景下，正泰下定决心要以提高产品质量为生存之道，为此，南存辉求贤若渴多次往返上海，用诚心打动了上海三位技术专家。在技术专家的指导下，求精开关厂严把质量关。1986 年底建起了全国第一个民营企业热继电器实验室，1988 年首批领取了三张由国家机电部颁发的生产许可证。1990 年，国家采取“打击、堵截、疏导、扶持”政策，对温州柳市低压电器进行清理整治。凭着过硬的产品质量和合法的经营手段，求精开关厂成为各级政府扶持的对象。随后成立的中美合资温州正泰电器有限公司秉承质量至上的理念，生产的产品受到用户青睐，企业影响力开始跳出温州，向外辐射。

第二跳——叫响中国

1993 年 2 月 10 日，是个值得纪念的日子。这一天，正泰首栋高标准厂房落成。正泰在竣工典礼上响亮提出了“重塑温州电器新形象”的口号，顺应了温州“二次创业”“质量立市”的方针，呼应了社会各界对温州电器业的期盼，因而受到了国内多家媒体的关注，“正泰”二字开始声名在外。这一年，正泰投入巨资，率先建起浙江规模最大、设备最先进的低压电器产品检测试验站。正泰按照国际标准，不断完善质量保证体系，并于 1994 年 12 月在全国同行业中率先通过了 ISO9001 质量体系认证，成为国内低压电器行业及温州市首家获得该证书的企业。“宁可少做亿元产值，不让一件不合格品出厂”的正泰质量宣言广受用户好评。1999 年 12 月，“正泰”商标被国家工商行政管理总局认定为低压电器行业首枚中国驰名商标。随后，几大系列产品荣获“中国名牌”称号。公司也先后获得“全国质量管理奖”“中国质量提名奖”“中国工业大奖”等荣誉。2004 年 1 月，国家建设部批准的首个以住宅电气部品为核心的住宅产业化基地落户正泰。这些，都标志着正泰已经成为国内低压电器行业的标杆企业。

第三跳——走向世界

2000 年，在中国加入世界贸易组织（WTO）前夕，正泰适时提出了“国际化、科技化、产业化”的发展战略。为适应国际化

南存辉参加第七届中欧论坛汉堡峰会

发展需要，正泰产品通过了国际 CB 安全认证等多项国际认证，并于 2002 年取得了低压电器首张国家强制性产品认证（CCC）证书，被称为中国“入世第一证”。其间，正泰自主创新频出成果，其高压成套设备被专家评定为国际领先水平，新一代自动化系统获国家科学技术进步奖二等奖等。为摘取通向国际市场的金钥匙，正泰在多个国家通过了质量体系认证，并且申报境外商标专利。公司先后通过了 ISO14001 环境管理体系认证、OHSA18001 职业健康安全管理体系认证、国际 CB 安全认证、美国 UL 认证等。正泰成为中国乃至亚洲低压电器产销量最大的企业，中、高压及其他相关产业销量也连年翻番，呈现良好势头。随着产品全面进入国际市场，正泰品牌的产品知名度、美誉度也逐年攀升。

中企“出海”方式呈现多样化，包括海外并购、投资自建或供应商合作等路径。回顾往昔，正泰的“走出去”大体经历了三个阶段，被称为“三步走”。

第一步：贸易“走出去”，实现从单一面向国内市场向同时面向国际市场的跨越。

20 世纪 90 年代初，正泰通过中国进出口商品交易会获得首笔出口订单，产品开始在国际市场上崭露头角。1997 年，正泰开始建立国际营销网络，并获得进出口经营权。当时正泰主要依托国内建立的营销“根据地”，向海外派出销售、服务队伍，将触角延伸到海外市场，采取产品首先销售到亚非拉新兴市场，再逐步开拓欧美国家市场的国际贸易战略。这一阶段正泰取得了丰硕成果。同时，正泰不断创新商业模式，通过在海外投资总包“卖服务”，从产品贸易向 EPC 总包“交钥匙”工程、投资运营电站收电费等转型，通过工厂总包项目带动产品配套出口，从而形成了“建电站、收电费、卖服务”的盈利模式。

第二步：品牌“走出去”，实现从“中国制造”向“中国创

从愿景到行动：构筑国际产业合作新空间

From Vision to Action: Create New Space for Cooperation in International Industrial Cooperation

南存辉（右一）出席“一带一路”工商协会联盟成立大会

造”的跨越。

作为世界制造业基地，中国的制造业总体规模虽已跻身世界前列，但中国许多公司乐于搞“贴牌”经营，不愿或不敢创新，直到现在，有竞争力、有自主品牌的企业也并不多见。企业国际化不仅是产品销售国际化，更要品牌国际化。当时中国在国际上的知名品牌不多，这是制约中国企业国际化的主要瓶颈。因此，中央多次强调，要把提高自主创新能力作为推进结构调整和提高国家竞争力的中心环节。为提高对自主品牌的重视，2017 年，国家将每年的 5 月 10 日设立为“中国品牌日”。

正泰非常重视自主品牌建设。跨入 21 世纪，正泰的国际化版图不断扩大。正泰在海外着力打造“CHINT”和“NOARK”两大自主品牌。2002 年 3 月，在意大利国家电力公司年度招标大会上，来自全球的近 30 家知名电器公司展开激烈竞争。5 轮过后，正泰脱颖而出，夺得 6 000 万欧元标的。2007 年，为适应海外市场尤其是欧美市场对产品和技术的高水准要求，正泰高端智能低压电器“诺雅克”品牌应运而生，既填补了国内在高端电器设计领域的空白，也成为正泰突破欧美市场的利器。2008年，正泰开始建立海外子公司。这一时期，正泰在参加各类国际展会拓展企业品牌的同时，也积极打造自己的国际会议品牌。2005年，正泰首届国际营销大会在温州召开，参会的海外经销商人数创下当年温州之最，被当地媒体戏称为“联合国温州年会”。此后，两年一届的正泰国际营销大会成为正泰推进国际化战略的重要平台，通过“请进来”“走出去”等方式，不断加强与海外客商合作的广度与深度，正泰的国际影响力由此在全球与日俱增。2015年，第六届国际营销大会首次开出国门，在德国引起巨大反响，正泰品牌亮相全球最权威的汉诺威国际工业展，吸引了来自欧洲、亚太、拉美等地的200多名经销商。此时，正泰的业务模式完成了从单纯的贸易向本土化经营的转型，改变了过去主要依靠国外经销商、代理商的销售模式，转向在国外实施“本土化”策略，招聘外籍专家和员工，在多个国家设立销售子公司和物流基地。

第三步：资本“走出去”，实现从产品经营向资本经营的跨越。

国际化不单是产品销售市场国际化、品牌经营国际化，而且要在条件成熟的时候，到海外投资组建工厂或公司，在海外上市等，实现生产经营“本土化”，以利于整合当地资源和生产要素优势。这是“走出去”的主要目的，也是国际化的重要标志。随着中国市场经济的发展、中国公司国际竞争力的增强，资本“走出去”逐渐成为一种趋势。

近年来，正泰集团在德国、西班牙、埃及、泰国、伊朗、新加坡等国家和地区通过收购与开办工厂等方式积极开展资本“走出去”战略，努力打造新形势下合作共赢的新范式。德国 Conergy

曾是全球最知名的光伏企业之一，其在法兰克福（奥登市）的组件工厂，年产能300兆瓦，在全球金融危机的重创下濒临破产，2014年初被正泰太阳能公司收购，成为正泰在海外收购的第一家太阳能组件生产公司。作为对正泰的友好表示，当地政府将工厂附近的一条路命名为“正泰大道”（Chint Avenue），同时将附近一个火车站点命名为“正泰太阳能火车站”。收购后的公司在2014年2月18日恢复生产后出厂的第一件产品，编号为7777777，专门赠送给正泰集团做纪念。通过中国制造与德国制造的“联姻”，正泰新能源实现了光伏组件生产的国际化和智能化。

2015年，正泰香港成立。为加速国际业务布局，正泰先后在德国、埃及、泰国、越南、马来西亚、新加坡等十多个国家和地区，通过收购与开办工厂等方式，成功打造了新形势下合作共赢的资本运营模式。有近50年历史的日光电气，是新加坡及东南亚区域领先的低压开关柜企业，在东南亚地区具有较高的品牌知名度。2017年，正泰全资收购，为深耕东南亚市场，并在当地站稳脚跟，提供了极大的便利。2017年，正泰电器第一家海外制造工厂CHINT-EGEMAC在埃及落地。随着国际业务的不断深入探索和发展，正泰进一步发挥国内国际协同效应，2020年7月，正泰对海外业务进行重组，正式成立正泰国际。作为集团全产业链的海外发展平台，正泰国际整合了各产业在海外的资源，将其构建成一个生态有机体，以多样化的业务形态和最大化的管道效率，配套充足的资源和灵活的机制，把每一个业务系统都变成独立的、自我驱动的创新主体。Graphenano是西班牙一家知名企业，旗下的石墨烯产业在行业内代表了最前沿的技术水平。2015年，正泰与Graphenano合资成立Grabat公司，正泰持股25%，联合开发高性能石墨烯电池，进军储能新材料领域。

正泰电器入股 Grabat Energy 及宣布战略合作伙伴关系暨石墨烯聚合电池产品全球发布会在马德里举行

民企“走出去”，不仅是响应国家“一带一路”倡议的重要行动，而且通过“走出去”，可以学习借鉴别人先进技术和管理经验，从而更好地“引进来”，带动自身技术和管理水平“走上去”。这也是企业持续提升竞争力，拓展国际市场的必然选择。正泰在海外业务的持续发展，得益于其核心竞争力和运营效率的持续提升。以盈利能力为例，2023 年，正泰集团实现营收 1 550 亿元，集团旗下的上市公司正泰电器（601877.SH）实现营收 572.51 亿元，同比增长 24.53%，实现归属于上市公司股东的净利润 38.29 亿元，同比增长 14.95。与此同时，正泰持续强化研发能力，2020—2023 年研发费用合计超 30 亿元。在此背景下，正泰不断推出新产品，集团层面累计申请专利 100 000 余件，累计获得授权专利 9 000 余件。核心能力的增强，让正泰走出了一条与时俱进的转型“升维”之路。

出海中的惊涛骇浪，敢与跨国公司“掰手腕”

正泰“走出去”并非一帆风顺。在国际市场的惊涛骇浪中，免不了会发生种种碰撞。碰撞，也是企业全球化道路上绕不开的“坎”。2001 年 9 月，为抓住我国加入 WTO 之后带来的国际贸易大好机遇，正泰委托中国商标专利事务所向商标国际注册马德里协定议定书的 67 个成员国提交了正泰英文商标“CHINT”的注册申请。随后，正泰的商标注册在欧洲好几个国家和美洲的巴西、亚洲的越南被驳回，原因是行业内的一家跨国公司率先在这些国家注册了与我们英文商标非常近似的“SCHINT”商标。2004 年，这家跨国公司又以正泰品牌定位中国低端市场，放弃国际市场的前提条件，愿意以50%对50%成立合资公司。正泰当然不会答应，因为这与“争创世界名牌”的理念相悖。这次在国外注册受阻，让正泰深深感受到行业大鳄对拥有自主品牌和完整价值链的新加入者异乎寻常的警惕。跨国公司，尤其是行业领军企业，维护自身全球市场地位的意识非常强烈，防范新进入者冲击本行业市场供应体系、价格形成机制的预警系统时刻保持着运转状态。并购邀约、商标抢注、知识产权围堵，都只是这个防御大战略中比较常见的“套路”而已。真正代表“中国制造”的自主品牌工业制成品想要“走出去”，比加工贸易和初级产品出口面临的难度大得多。开拓国际市场的每一步，都需要艰难地突破。

还是那家跨国公司。2005年，正泰一个只是在德国汉诺威工业展上展出、还未上市销售的产品，被其起诉专利侵权，正泰被当场封锁展台，没收展品。这件所谓的专利侵权案，虽经正泰反诉，终于在2007年底得到德国联邦专利法院判令其专利无效、解除正泰产品销售禁令的判决，但正泰在德国的市场已因这场诉讼被封锁三年，失去了最佳开拓时机。在英国，在法国，在意大利，这样的故事不断上演。为了“走出去”，正泰在十几年的时间里先后当了24次被告。虽经据理力争，最终都获得了合理的判决，但为应付这些诉讼，正泰付出了高昂的时间成本和经济代价。

这些事不光发生在正泰一家中企、一个行业身上，老牌跨国公司利用工业产权优势组建“专利池”，以专利诉讼手段围堵来自新兴工业国的产品，已经成了当前国际竞争的一种“惯例”。为打破知识产权围堵，一方面，中企呼吁各国立法机构和司法当局在知识产权纠纷中平衡老牌跨国公司和新兴企业的利益，在继续加强工业产权保护的同时，也应对工业产权的滥用行为加以必要的规制，形成良性竞争局面，促进产业发展，增进全社会福祉；另一方面，中企苦练内功，加强研发部门与法务部门的协作，发挥技术优势，重视专

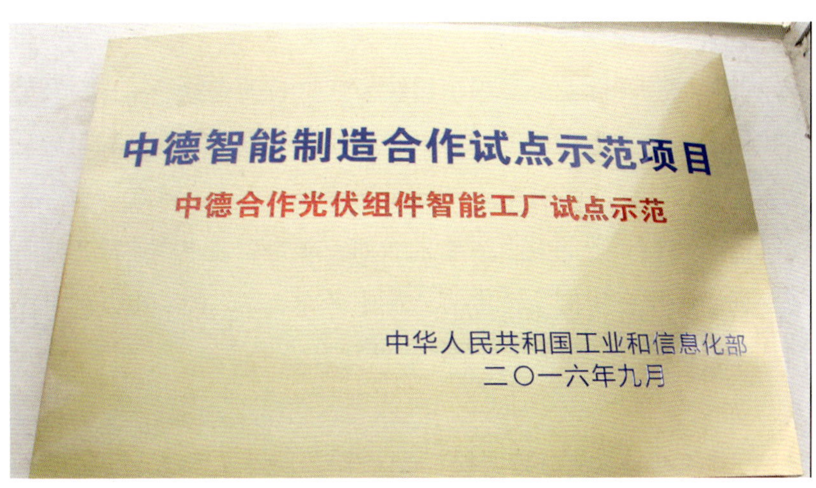

正泰与德国“中德智能制造合作试点示范项目”

利申请注册，着手组建自己的“专利池”。2006年，正泰为研发新产品检索对比行业既有专利和产品时意外发现，一家跨国公司在中国生产的几个型号产品侵犯了正泰1999年获得的ZL97248479.5号专利。在反复论证和充分准备后，这年8月1日，正泰终于“出招”，向法院提起诉讼，要求停止侵权。2007年9月29日，法院一审判决该公司专利侵权成立，赔偿正泰3.3亿元人民币。对方不服，提起上诉。经多次诉讼，双方于2009年4月15日在浙江省高级人民法院终审开庭前夕达成全面和解，正泰获赔1.575亿元人民币。很多媒体称正泰敢于和跨国公司“掰手腕”，这个过程惊心动魄。

产业项目闪耀“一带一路”朋友圈

从西北大地到地中海，从东南沿海到非洲东海岸，在“一带一路”共建国家和地区，正泰的身影越发清晰。作为“走出去”

的先行者，正泰近年来坚持绿色开放发展理念，积极响应“一带一路”倡议，国际业务呈现出持续高速增长的态势。“一带一路”共建国家多为发展中国家和新兴经济体，有着庞大的基础设施建设需求，特别是对区域电力基础设施建设的需求，这成为正泰等中国能源装备企业的重大战略机遇期，成为企业“产业链集成优势”向“价值链增值”转化的全新业务增长点。随着海外业务不断壮大，正泰国际造就了多个标志性项目。

——在撒哈拉沙漠里“种太阳”，让沙海变能源“蓝海”

埃及，是最早一批加入“一带一路”倡议的国家之一，也是非洲国家中经济最为稳定的主体之一，是共建“一带一路”的重要支点。在埃及当地的纪念币上，印制着正泰参与承建位于撒哈拉沙漠东部世界最大光伏站之一的本班太阳能公园（Benban Solar Park），该项目成了埃及的一张国家名片。

埃及南部的阿斯旺省，气候炎热，阳光充足，全年日照超 3 000 小时。2021 年，阿斯旺沙漠中阿吉首个“太阳能村”、正泰

本班光伏电站（项目产业园）被印在埃及硬币上

承建全球最大的光伏产业园之一的本班光伏产业园，共计 165.5 兆瓦的三个子项目顺利移交埃方运营维护，此后，中方团队定期为埃及提供技术支持。正泰在埃及全面输出“正泰方案”，在系统设计、设备研发组装等方面，为埃及光伏产业发展提供了宝贵经验，为埃及输送源源不断的清洁电力，也将绿色发展理念带到当地，实现了企业与当地经济、社会融合发展。不仅如此，正泰还大量起用埃及当地雇员，提供了 2 000 个就业岗位，并向当地雇员提供专业知识培训。正泰投建埃及光伏项目的经历成为献礼主题剧《我们这十年》中《沙漠之光》单元的原型，剧作生动演绎了光伏新能源点亮埃及沙漠夜空，中国“一带一路”倡议惠及共建国家千家万户的故事。

同样在埃及，正泰参与了埃及斋月十日城铁路项目——埃及的第一条轻轨的建设。这标志着中国企业首次进入埃及轨交行业，开启了“中国制造”在埃及轨道交通领域的新篇章。正泰充分发挥电力全产业链优势，打通前中后环节，实现跨部门协作，成立了一个在正确方向指引下目标统一的近 60 人的虚拟“铁三角”组

正泰埃及本班 165.5 兆瓦光伏 EPC 项目

织，高效高质量地推进项目进展。此外，正泰采用大量的行业领先技术参与埃及尼罗河喷泉项目建设，助力打造埃及政府提出的“智慧城市”，从而提升了正泰品牌的国际高端形象。

——因地制宜，合筑“锦绣光伏”

正泰新能源海外电站发展遵循因地制宜原则，在深刻理解属地政策的基础上，高度重视项目与当地自然环境有机融合，全面考虑对周边居民日常生活的影响，将单纯的开发建设与当地的风土人情相融合，为项目发生国创造“1+1 ＞ 2”的效益。

在荷兰，正泰将已废弃的污染土地转变为可持续的能源发展地标。2017 年，位于荷兰格罗宁根省的 Veendam 光伏电站顺利完工并网。该项目所在地原本是工业区中心，土地长期处于被污染后的空置状态，正泰新能源通过建设光伏电站将原本无法利用的土地转变为该地区可持续经济发展地标，为土地赋予新的价值。2019 年，正泰新能源荷兰格罗宁根 Midden Groningen 103MW 光伏电站成为第一个并入荷兰 TenneT 电网的光伏电站项目，该项目从建设之初就重点考虑与人文景观、周边环境相融合，建成后，板下和板间的草可供羊群啃食，电站和周边房屋由一片花草绿地隔开。近日，一座由正泰新能源捐赠的屋顶光伏电站在荷兰格罗宁根 Froombosch 的社区之家落户，90 块太阳能光伏板倾斜放置于屋顶，将采集到的阳光转化为电能，源源不断为当地提供清洁能源，创造价值，而由此节省出的大量电费将全部用于组织当地青年和老年活动。正泰新能源用一片片光伏板使闲置屋顶变身清洁能源站，为改善当地能源结构注入绿色活力，助推当地社区可持续发展。

基于因地制宜及本土化运营，2023 年正泰新能源在荷兰开发建设光伏发电站总容量 340 兆瓦。正泰新能源在荷兰开设了子公司，雇用本地员工，灵活应对市场变化，通过多年深耕积累，实现从无到有，与当地客户建立了长期稳定的合作关系，建成了多个标志性电站项目。

——助力拉丁美洲能源转型，共启未来

拉丁美洲以其得天独厚的太阳能资源优势，在全球光伏产业的版图上迅速崛起，然而，区域内普遍存在的资金瓶颈与技术滞后现象，严重束缚了该地区可再生能源潜力的释放。自 2020 年起，巴西、哥伦比亚、智利等拉美国家纷纷将推动绿色复苏作为经济战略的重中之重，并制订旨在适应气候变化并促进包容性增长的计划，系列能源转型战略举措成为拉美经济体的新焦点。在此背景下，正泰新能源积极布局拉美市场。2024 年，正泰与世界知名可再生能源投资企业 Atlas Renewable Energy 正式签署 700MW 战略合作协议，双方对于在巴西市场深度合作达成高度一致，加速实现巴西光伏发展，助力巴西清洁能源转型。

在南美，正泰为在乌拉圭的希尔顿酒店保驾护航，为整个楼宇系统提供塑壳断电器、微断及漏电产品，另外，为多米尼亚的知名度假酒店 Karisma 提供整体配电系统方案。正泰与拉美高端酒店的合作提高了在当地的品牌知名度，打开了进入拉美建筑楼宇市场的良好局面。此后，正泰多次中标乌拉圭国家电力局电力配套项目及厄瓜多尔首都基多电力局 EEQ 电网配套项目。随后，正泰用可靠的产品、完善的管理体系和专业性打开了阿根廷市场，与阿根廷知名配电箱龙头企业 ROKER 建立合作。其次，正泰帮助巴西最大的变压器制造商之一的 TSEA 解决单一变压器产品在输配电项目 EPC 招标中的短板，通过组建正泰 /TSEA 联合体，加强了正泰在巴西市场的影响力。正泰还与巴西最大的发电机组制造商

STEMAC 保持长期合作关系，在发电机组行业得以长足发展。

绿色转型，深度融入“一带一路”建设

绿色，成为正泰“走出去”的底色，也成为扩大“一带一路”朋友圈的金名片。“继续深度融入‘一带一路’建设！”董事长南存辉表示，接下来正泰将深入践行绿色发展理念，坚持安全、稳妥底线思维，把“光伏 +”模式复制推广至更多“一带一路”共建国家和地区，高质量建造绿色基础设施，助力加速全球减碳进程，为推动构建人类命运共同体做出积极贡献。许多“一带一路”共建国家已成为中企“绿色出海”的新兴市场。正泰开启零碳新征程。正泰董事长南存辉表示，全球经济格局正面临着重大调整和深刻变化，“碳达峰”“碳中和”正从全球共识向全球行动推进，在“双碳”愿景驱动下，随着新能源成本、技术的不断成熟，光伏等新能源产业迎来快速发展期。2023 年，正泰在全球发展大会上发布《正泰电器碳中和白皮书》，公布将于 2028 年实现运营“碳中和”(包含“碳抵消”)，2035 年实现运营净零碳排放，建立完善的价值链碳排放管理体系，2050 年全价值链实现净零碳排放。

自 2009 年便开始布局海外光伏电站开发和建设，足迹遍布欧洲、亚洲、美洲、非洲、大洋洲等。在欧洲，根据当地特点已在荷兰、西班牙、意大利、波兰、丹麦、葡萄牙、罗马尼亚、保加利亚、塞尔维亚等国因地制宜为多个地标性的光伏电站项目提供开发、建设与 EPC 服务，推动清洁能源应用模式市场化运作。截至目前，正泰在海外投资建设光伏电站 30 吉瓦，每年可提供绿电超 340 亿千瓦 · 时，减少碳排放 3 000 多万吨。2023 年，正泰

正泰与阿联酋领先油气公司、天然气公司签署战略协议

在欧洲参与建设位于意大利西西里地区与里瓦罗洛-卡纳韦塞共计17兆瓦的光伏项目并提供EPC与运维服务，项目竣工后，将为11 000户居民提供2 945千瓦·时绿色电力。预计30年运行周期内，整个项目可实现减少碳排放9 670吨，相当于植树5 285立方米，将为意大利绿色低碳发展贡献力量，有力推动当地能源结构向清洁能源的过渡进程。正泰新能源近期签下阿尔及利亚的两项重大光伏项目，总规模达到1 000兆瓦，这标志着其ASTRON5光伏组件将首次大规模应用于非洲大陆，为阿尔及利亚的绿色能源

转型注入强劲动力。

随着绿色新能源转型加速，构建以新能源为主体的新型电力系统成为全球性愿景。正泰新能源积极助力全球“碳中和”进程与能源转型需求。此外，为积极探索风、光等能源可持续发展模式，正泰发挥制造业和光伏能源领域积累的优势，加快了氢能产业化进程，发布了兆瓦级制氢电解槽、制氢电源、氢发电装备等核心技术产品，形成从绿电制绿氢、绿醇到绿色消纳的零碳解决方案和商业模式。

数智化赋能，探索国际产能合作发展模式

当前国际形势动荡不安，脱钩断链、围堵转移等“逆全球化”带来的挑战压力持续加大。在全球供应链本土化、区域化、分散化趋势更加凸显的形势下，数智化是赋能“一带一路”高质量发展的重要力量，正泰通过打造数字化、智能化、本土化产业链，促进当地产业升级，同时拓展更多发展机会。

正泰近年来在高质量发展中形成的产能优势、技术优势、产品优势等在国际上输出，通过打造数字化、智能化、本土化产业链，带动了中国技术标准和服务“走出去”，在泰国逐步建成光伏组件、逆变器工厂等产业集群，并依托正泰工业互联网云平台，导入“产业大脑 + 未来工厂”智能制造技术，实现了国内外生产线的同步管理。泰国时任工业部部长乌塔玛·萨瓦纳亚那（Uttama Savanayana）表示：“正泰泰国工厂不仅向泰国输出先进技术，也输出一系列先进的建设、运营和管理经验，不仅有效带动了当地的就业，还促进了泰国经济向着更加智能的模式转变。”

正泰海外仓落地尼日利亚，加速全球供应链布局

正泰在“一带一路”共建国家携手合作伙伴将合作共赢的理念播撒五洲时，与当地市场合作伙伴携手推动合资工厂投建投产，与海外优秀合作伙伴强强联合，建设国际销售、研发、生产、物流“根据地”，打造互利共赢“生态圈”。2023 年，沙特阿拉伯多元化国际企业阿吉兰兄弟控股集团与正泰集团在沙特阿拉伯成立合资公司并建立本土工厂，专注于低、中、高压电气设备的生产及电力解决方案等服务。

区域本土化，构建去中心化海外创新网络

企业国际化不是简单的产品外销，而是人才、管理、技术、

品牌等全方位的国际化。正泰秉承“思维全球化，行动当地化”的国际经营理念，采取差异化经营策略，深度挖掘市场潜力。正泰自1993年开始试水国际市场，经过30多年行业深耕，已深度融入全球产业链中。2009年，正泰开始在海外设立全资销售子公司，如俄罗斯、巴西、捷克子公司等，从当地聘请员工，增强对本土市场的掌控力。2010年，西班牙子公司成立，它是第一个通过并购而来的子公司，当时这家西班牙经销商出现了严重的资金问题，正泰通过并购接管了该企业的客户和员工，真正意义上实现了本土化运营。此后，一批子公司在欧洲多国发展起来。2017年，正泰收购新加坡SUnlight公司，标志着本土化进入新的阶段，正泰海外布局的目标不限于产品销售，开始建立本土化的工厂、物流中心和售后服务中心。业务模式也随之发生变化，完成了从贸易向本土化经营的转型。这个时期集团总部给予海外团队更多授权，海外子公司对该国市场和正泰所具备的资源进行整体预判，可以根据未来中长期的发展目标预期投入资源。

作为开放创新的重要举措，正泰已拥有持续多年本土化子公司的运营经验，为了深入本土化合作，进一步建立全球伙伴关系，近年来一直在与当地国家共同组建工厂，把电力建设的智能化、自动化技术、标准和经验带出去，也为当地创造了更多的就业机会。正泰国际埃及工厂的员工本土化率达到95%以上，其中不乏来自行业头部企业的人才。在人才管理中，正泰国际埃及工厂打破当地固化的管理层结构，引进国内先进人力资源模式，采用阶梯式分级激励机制，让有能力的年轻人走上管理岗位。2022年11月，正泰乌干达仪表工厂正式开业。这是正泰首个海外仪表工厂，人才本土化率达90%。在组件生产制造向下游电站业务扩展的过程中，正泰着力打造“多国部队”分工协作——德国团队致力于打造全球技术设计支持中心，为区域性项目提供强有力的执行保障，中国本土团队作为总部，在融资、产品、商务及风控等方面提供支持。正泰定期组织海外员工培训，推出股权激励计划，让外籍员工也能分享中国企业发展的成果。正泰作为中企也关注当地社区利益，启动物资捐赠与光伏电站等公益项目，为沙特、巴西、捷克等国家的学校、医院、福利机构等送去关爱。

正泰国际致力于打造一个全球性的去中心化产品创新网络，目的是发挥每一个海外团队、客户以及合作伙伴的“天赋”。创新网络通过正泰国际各国的子公司与全球客户共创更好的产品，快速匹配并服务其他市场的客户。

在全球产业链的结构性变化中，正泰将东南亚作为未来 10—20 年最核心的国际市场，视为下一批全球供应链变迁的红利受益者。东南亚地区经济增长将会伴随城市化、工业化以及电气化带来的巨大增量市场需求。首先，正泰将围绕东南亚“城镇化”“数字化”“低碳化”三大社会发展趋势，提供电气解决方案，助力东南亚社会的发展。其次，正泰也将在东南亚加大制造布局，目前在新加坡、越南、马来西亚、柬埔寨、泰国以及印度尼西亚设有 6 家工厂。正泰计划将东南亚打造成全球性制造基地，实现从东南亚制造向北美、欧洲等市场出口。新加坡将会成为正泰在海外的投融资中心、科技创新平台，以及与大客户进行深度价值融合的关键性平台。

面对行业发展趋势和业务场景的变化，正泰紧随市场潮流，聚焦全球战略大客户，以本土化为抓手，推动每个海外子公司卓越运营，并通过加速全球产能布局，建构“智能电气 + 新能源”的多元化业务架构，在“光储充数”（“光伏”“储能”“充电桩”“数据中心”）等新型赛道上积极布局，且持续推进国际化人才梯队建

正泰在柬埔寨的合资工厂

设，打造全球性的开放创新团队和敏捷组织。

在国际化布局中，正泰以绿色化、数智化、低碳化为发展理念，通过不断迭代的技术创新，赋能生态圈伙伴尽快实现“碳中和”，并持续构筑面向未来的可持续发展能力，为行业实现整体“双碳”目标贡献“正泰力量”，为我国民营企业“走出去”提供更多可借鉴的生动样本。

【专家点评】

首先，正泰集团股份有限公司作为中国民营企业“走出去”的先行者，其国际化战略的成功实践不仅为中国企业全球化提供了宝贵的经验，也为“一带一路”倡议的推进贡献了重要力量，通过从“产品出口”到“品牌输出”的跨越，成功打破了国际市场上“中国制造”低端化的刻板印象，通过绿色能源与“一带一路”倡议的深度融合，为全球可持续发展贡献了“中国智慧”，通过本土化运营与全球创新网络的构建，实现了企业与东道国当地社会的共赢。

一是从“产品出口”到“品牌输出”的跨越，堪称中国企业全球化教科书式的典范。正泰集团践行的“地瓜经济”理论和国际化战略，深度参与全球产业分工合作，走出了一条“产品走出去，服务走进去，技术走上去”的全球化之路。首先，正泰集团从国内扩张到国际扩张，经历了从地方性企业到全国性企业，再到国际化企业的转变，展示了其战略眼光和执行能力，也为中企“出海”提供成功案例。其次，正泰集团的国际化战略经历了从“贸易走出去”到“品牌走出去”，再到“资本走出去”的三步走过程，不仅体现了正泰在全球化进程中的战略升级，也展示了其从“中国制造”向“中国创造”的转型。

二是深化绿色能源领域全球布局与“一带一路”倡议的融合，顺应全球产业绿色化的新趋势。正泰集团积极响应全球绿色化趋势，特别是在新能源领域的布局，展示了其作为全球智慧能源系统解决方案提供商的领先地位。正泰集团在埃及、荷兰、巴西等国的光伏项目，不仅为当地提供了清洁能源，还通过技术输出和本土化运营，推动了当地经济的可持续发展。同时，正泰集团在“一带一路”共建国家的布局，展示了其在不同市场环境中的灵活应对能力，在发达国家和发展中国家，采取了不同的商业模式和合作方式，成功实现了全球化布局，特别是在欧洲、非洲、拉美和东南亚等地区，通过因地制宜的策略，展示了“中国智慧”。

三是通过本土化运营与全球创新网络的构建，实现了企业与东道国当地社会的共赢。正泰集团在国际化进程中，始终坚持“思维全球化，行动当地化”的理念，通过设立海外子公司、收购当地企业、雇用本土员工等方式，深度融入当地市场。此外，在全球供应链本土化、区域化趋势日益明显的背景下，正泰集团通过数字化与智能化技术的应用，提升了全球供应链的管理效率，将研发、生产、销售等环节与当地市场需求紧密结合，形成了全球化的产业链布局。基于技术数智化赋能构建海外创新网络，不仅提升了正泰集团的国际竞争力，也为当地创造了大量就业机会，促进了当地经济的发展。

其次，新的发展征程，正泰集团应继续深化绿色能源领域的全球布局，加强本土化运营与数字化技术的应用，拓展新兴市场，构建全球创新生态圈。正泰集团的国际化战略将为中国企业“走出去”提供更多可借鉴的生动样本，为推动全球可持续发展做出更大的贡献。

一是进一步加强绿色能源领域的全球布局，拓展新兴市场。随着全球碳中和目标的推进，绿色能源市场将迎来更大的发展机遇。正泰集团应继续深化在“一带一路”共建国家的绿色能源项目布局，特别是在东南亚、非洲、拉美等新兴市场，进一步扩大光伏、风能等清洁能源项目的投资与建设。东南亚地区作为全球经济增长的新引擎，具有巨大的市场潜力。正泰集团应继续加大在东南亚市场的布局，特别是在“城镇化”“数字化”“低碳化”三大趋势下，提供电气解决方案，助力东南亚社会的发展。

二是深化本土化运营，提升全球品牌影响力。正泰集团在国际化进程中已经取得了显著的本土化成果，但未来可以进一步深化这一战略。例如，正泰集团可以通过与当地企业、科研机构的合作，推动技术创新与产品研发的本土化，更好地满足当地市场需求。同时，正泰集团可以通过参与当地的社会公益项目，进一步提升品牌的社会责任形象，增强品牌在当地的认同感与美誉度。

三是加强数字化与智能化技术的应用，构建全球创新生态圈。

在全球供应链本土化、区域化趋势日益明显的背景下，正泰集团应进一步加强数字化与智能化技术的应用，提升全球供应链的管理效率。通过工业互联网平台，推动全球产业链的协同创新，提升其在全球市场的竞争力。此外，正泰集团应继续加强与国际知名企业、科研机构的合作，构建全球创新生态圈。通过与全球领先企业的合作，推动绿色能源、智能电气等领域的突破性发展。同时，通过参与国际标准制定，提升其在全球产业链中的话语权，推动中国技术标准与服务的全球化输出。（**梁育填，中山大学区域国别研究院副院长、教授**）

快递行业一定是全球化的

——中通快递股份有限公司

在《说文解字》中，“通”字释为“达也”，即在广度上寻求尽可能相互连接而贯通，在效率上旨在克服基础设施等物理障碍，减少机制性等无形阻碍，实现更大程度的互联互通。中国很多快递公司的名称中都有“通”这个字，既体现了这个字的中国意涵，也与共建“一带一路”倡导的“五通”相映衬。“通”代表市场更大、选择更广、实惠更多。可以说，快递通了，民心就通了。

中国提出“一带一路”倡议后，与共建国家的贸易额持续上升，电商平台的“出海”需求增加，这推动了中国快递企业不断提高跨境物流运输能力，加速在海外布局。我们日常使用的中通快递，一方面已发展成为中国业务量领先的快递服务供应商，是中国快速增长的电子商务市场的关键推动者，成为数百万电子商务客户值得信赖的合作伙伴，另一方面深度参与“一带一路”建设，为推动中国与共建国家的互联互通和命运共同体建设做出了自己的贡献。

中通新大楼

中通新大楼内景

全球首家年业务量破百亿件的快递公司

2002 年 5 月 8 日，现任董事长兼首席执行官赖梅松创建了中通快递，在上海市闸北区普善路 290 号正式起步。当时，创始团队买了辆金杯面包车，以 1.8 万元的租金租下 4 个房间：一楼两间，一间做营运网管，一间做客服；二楼两间，一间做董事长与总经理办公室，一间做财务室。开业第一天，中通快递全网一共揽收了 57 票快件。起步之初，快递经营处于“灰色时代”，经常会碰到很多问题，就连“扣件”的情况也时有发生，每一步走起来都不容易。大家能做的就是努力用心去做，不管遇上多少问题、遇到多大困难，都积极面对，第一时间去处理、协调，哪怕半夜

中通厂区

发生的情况都不敢有片刻的耽误。这应该是中通快递在之后能够取得如此成就的重要原因。

2005 年，中通快递率先在民营快递业中开通长三角至广东、北京的跨省班车。2008 年，率先推行了“有偿派费制”和预付款结算。2009 年，新《中华人民共和国邮政法》的颁布实施让民营快递企业有了合法地位，政策红利让中通快递的发展步入快车道。创始团队审时度势、谋定而动，激发全要素生产力，集中一切资源抓发展，加快基础建设投资，购地建厂，创建直营和股份制车队，研发和应用自动化分拣设备，有效降低了运营成本，提升了资产效率。中通快递还实施了全网一体化战略，团结全网力量完成了股份制改制，集中力量实现了全网业务的快速发展。

2016 年，中通快递成为中国包裹量最大的快递公司，总包裹量达到了 45 亿件，市场份额达到 14.4%。中通快递清楚地认识到，快递行业的可持续发展依靠的是广度和密度。密度越高，成本越低，效果更佳，竞争力更强；而广度越广，服务越好，客户满意度更高。这一认识不仅适用于中国国内，也适用于世界各地。因此，对于快递公司来说，未来一定是全球化的。同年 10 月，中通国际与美国邮政正式建立战略合作关系，携手开拓全球跨境电子商务配送业务。几天之后，中通快递在美国纽约证券交易所成功上市，创当年美国证券市场最大 IPO，成为中国第一家赴美上市的快递企业，为世界了解中国快递打开了一扇窗口，也有利于中通快递的全球化发展，更加走近国际化标准。自此，中通快递积极谋划产品矩阵，创建中通国际、快运、云仓、商业、传媒、金融、智能、航空、冷链、兔喜等生态板块，从快递“单兵作战”向多生态的“联合作战”体系迈进。2020 年，中通在香港二次上市，成为首家同时在美国、中国上市的快递企业，实现新的突破。

2019 年 11 月 11 日，中通快递取得当日订单量超 2 亿件、揽

中通运输车辆

收量超 1 亿件的成绩。11 月 12 日，年业务量突破 100 亿件，成为全球首家年业务量突破 100 亿件的快递企业。现在，中通快递的平日单量已经超过 7 000 万件。2021 年的全年业务量达到 223 亿件，同比增长 31.1%，高于行业平均增速，市场份额达到 20.6%，全网服务网点超过 3.1 万个，转运中心 99 个，直接网络合作伙伴超过 5 850 个，末端驿站超过 8 万个，干线运输线路约 3 750 条，网络通达 99% 以上的区县，乡镇覆盖率超过 93%。荣获了“中国快递行业十大影响力品牌”“国家高新技术企业”“2021 年《财富》中国 500 强”“2021 中国物流企业 50 强”“2021 中国民营企业 500 强”“福布斯 2022 全球企业 2 000 强”“2021 年年度 BrandZ™ 最具价值中国品牌 100 强”等荣誉和资质。

快递改变沿线人民的生活

传邮万里，国脉所系。快递业具有通政、通商、通民功能，是全球互联互通的桥梁和纽带，在促进国际交流、服务经贸发展中发挥着重要作用。近年来，中通快递积极响应国家“一带一路”倡议和国家邮政局“两进一出”要求，实施“走出去”发展战略，加速快递出海。中通快递依托中通国际加快拓展国际综合物流布局，对接共建国家战略政策和发展需求，设立海外中转仓，开通国际业务专线，衔接境外物流体系，构筑立足周边、覆盖“一带一路”、面向全球的便捷畅通、普惠包容的跨境寄递网络，提升中通国际品牌在海外当地和国际市场的影响力，为全球消费者提供全方位的快递和物流解决方案，同时提升“一带一路”共建国家快递物流发展水平，增进“一带一路”共建国家民生福祉，实现共同繁荣，推动构建人类命运共同体。

自 2014 年成立以来，中通国际在东南亚、中东、欧美、日韩、大洋洲、非洲等国家和地区均有业务布局，开展了保税、直邮、仓配一体、专线等多元化、多品类的跨境物流业务，在柬埔

中通展厅

寨、新加坡、老挝、缅甸等国家建设海外网络，落地业务直接服务当地市场，实现属地化管理。中通投资品牌“速达非”在加纳、乌干达、肯尼亚、尼日利亚、摩洛哥、埃及、巴基斯坦构建了覆盖全境的快递网络，提供当地快递、零担、仓储等服务。2021 年 12 月，“速达非”又把目光进一步拓展到中东地区和南亚市场。为进一步推动海外网络化布局，中通国际在实现业务多样化、产品国际化、服务全球化等方面取得初步成效，并依据 B2B、B2C、C2C、BBC 等多层次市场需求，建立了“多渠道、多元化、全方位”服务模式。

中通快递正在改变柬埔寨人的生活。2017 年，中通快递进入柬埔寨。在当地稳扎稳打，快速发展，陆续开通了本土快件收派服务，国际业务也已开通中柬陆空往返快件收派服务。由于柬埔寨工业基础较为薄弱，很多生活物品依赖进口，因此当地物价相对较高。中通快递的进入，点燃了当地人以及在柬华人的网购热情。中通快递柬埔寨公司总经理张维表示：“公司业务构成以本土快递和中柬跨境快递为主，快运、云仓、商业协同。在柬埔寨，人们可通过淘宝等电商平台下单，直接网购中国商品，并通过中通快递运输到柬埔寨。中国电商平台上的商品物价和物流费用，较在柬埔寨国内直接购买实惠很多。”

来自柬埔寨马德望省的姑娘谢丹从中国留学回国后于 2020 年加入了中通快递，负责翻译和网点开发工作。在中国留学期间，即便时刻关注着网购和中国快递业的发展，她也没想到在柬埔寨购买中国产品已变得如此便捷。现在，谢丹和柬埔寨消费者不仅能买到本土产品，还能通过中国的购物平台实现“一站式”全球购。中通快递也不负所托，让柬埔寨人真切地感受到了中国的物流速度。2020 年 11 月 12 日晚 9 点，家住柬埔寨首都金边的 Chhuon sokong 收到了“双 11”在中国电商平台上购买的衣服。这

中通飞机

是“双 11”当天订单中，中通国际完成签收的第一单跨境订单，耗时 34 小时，由柬埔寨中通送达。

2022 年，柬埔寨中通业务量超过 400 万单，营业额达 1.4 亿元人民币；拥有一级网点和二级网点超 270 余个，实现了柬埔寨全境服务覆盖；快递员人数超过 700 人，为当地提供了上千个工作岗位；海外仓合作客户数量近 30 个，每天出入库数百单，仓库使用率已达 85% 以上，海外仓在仓储布局、流程优化、人员培训、系统等方面也已全面升级，金边市同城云配时效提速至 2 小时内达，市外配送最快可次日达。

2018 年，中通快递发力老挝市场。老挝中通凭借中通稳定的国内网络及日趋完善的本土自营网络，持续深耕老挝本土市场，拓展跨境冷链物流市场，深耕农产品冷链物流“最先一公里”和“最后一公里”，打造一站式跨境生鲜供应链服务。2021 年 1 月，老挝中通推出跨境冷链运输业务，主要从昆明向万象直发新鲜果蔬、鲜花，返程则运输老挝农产品到云南，全程恒温保鲜。

2021 年 5 月，经销商 Elva 正式与老挝中通合作，通过“冷链专车 + 抽真空 + 冰瓶包装”的组合方式，将国内优质的新鲜农产品销往老挝。草莓、杨梅、猕猴桃、橙子、葡萄等中国水果在老挝很受欢迎，加之老挝中通跨境冷链物流“优鲜”助力，Elva 自营的 YaMei Fruits 水果店销售额逐步上升，日均销售额达 6 000 元，高峰期销售额超 2 万元。

随着中老双向物流通道的不断拓宽，加之中老铁路与区域全面经济伙伴关系协定的叠加助力，老挝中通 2022 年再创佳绩，跨境冷链运输实现昆明—万象最快 2 日达。不仅跨境时效得到提升，业务量也得到增长，2022 年老挝中通运输超 2 000 吨国内优质农产品销往老挝。历经多年的稳步发展，老挝中通已设有 3 个分拨中心，开通服务网点 300 个，干线运输 13 条，运输车辆 29 辆。

“穷则独善其身，达则兼济天下。”已经发展壮大的中通快递通过努力将自己的网络拓展到了世界各地，尤其是基于许多“一带一路”共建国家工业基础薄弱，制造业水平不高的情况下，中通快递的到来正在改变当地的发展生态和老百姓的日常生活。只要有网络，只要轻轻点击鼠标，处在世界任何角落的人们都能够借助中通快递随时分享到全球各地的特色产品，充分感受到中国物流的速度、服务和品质，切身享受到拆快递的幸福感和那份收获的喜悦。中通快递也将为“一带一路”共建国家创造更多的就业机会，助益当地经济社会的发展和老百姓收入的提高。凭借快递服务，中通快递正在以“物流使者”“商品守护者”的角色彰显出“天下一家”的中国胸怀，承担起新时代的使命，践行人类命运共同体理念。中通快递的企业愿景是“成为受人尊重的百年中通”。伴随着大踏步地走出国门，走向世界，更多国家的人们将看到中通快递的努力，也将有更多的人加入中通这一大家庭。而中通快递也将以强大的物流效率、持续的技术创新、优异的服务品质、强烈的社会责任感得到各国人民的喜爱、尊重和赞誉。

【专家点评】

近些年来，价廉物美的中国商品迅速走入无数国家的家庭，背后的功臣是像中通快递这样的全球性物流企业。作为全球首家年业务量突破100亿件的快递企业，中通快递除了拥有通达全国各地的网络，还将业务拓展到了东南亚、中东、欧美、日韩、大洋洲、非洲和南亚等地区。大道无形，润物无声。中国快递业虽不像高科技行业那样到处刷存在感，但也以优质的服务成为中国以及全球许多国家人民享受现代便捷生活的保证。中通快递成立迄今不过20来年，之所以取得这样的成就，离不开以下方面的因素：

一是各国人民对于美好生活的需求。服务归根到底来自需求，没有人下单，快递业也就失去了动力。而像中通这样的中国快递企业之所以能够通达全球，根源是各国人民都希望购买到价廉物美的商品，都希望享受到足不出户的购物便利。特别是在全球经济恢复迟缓，有些国家甚至通胀居高不下的情况下，一改往日质量低劣形象、呈现出极高性价比的中国商品成为许多国家老百姓的优先选择，而通达全球的中国快递则让他们有落实这一选择的可能。

二是全球化逻辑植根于要素互补的韧性。当前全球化确实遇到了高关税和民粹主义等逆流的冲击，但这些负面因素改变不了各国之间要素禀赋各不相同的基础性现实，改变不了企业和消费者基于市场进行选择的行为逻辑。只要不发生重大的全球性动荡甚至战争，各国之间的互补贸易进程就只能是被暂时阻遏而不能被完全阻隔。全球化逆流只能在表层或是一些有选择的领域发挥作用，国际商品往来的底层逻辑仍然十分坚韧。

三是“一带一路”倡议基础设施建设的支撑。引人注目的是，中通快递的国际业务不只通达发达国家，还延伸到了柬埔寨、缅甸、老挝等发展中国家甚至是最不发达国家。快递业的网络是沿着基础设施架构来铺开的，没有发达的航空、港口、高铁等基础设施，商品就无法通过物流业而实现快速抵达。而没有中国的“一带一路”倡议，许多发展中国家就不可能拥有投资高昂的基础设施。一些西方舆论诟病“一带一路”建设是否有效益，沿线国家人民通过快递享受到的现代物流，就是一个最好的回答。

四是中国企业在市场经济中体现出来的强大活力。中通快递从租下的4间房间开始起步，在很短的时间内就建立起通达全球的网络，其中可没有一些西方人所臆想的国家力量的支持。无数中国快递公司的起步，都来自创业者对市场的敏锐触觉，打工人起早摸黑的辛劳，以及在多年市场经济中焕发出来的强大干劲和打磨出来的优质服务标准。这样的企业不但在中国而且在世界激发出更多商机，创造了更多的就业机会。

曾经高喊“世界是平的”的全球化倡导者托马斯·弗里德曼前不久到访中国，震撼于中国制造业的强大，却附和美国提高关税以提升自身制造业的谬方。殊不知，像中通这样通过物流把各国人民联络在一起的中国企业，已将全球化的神经末梢深植入各国大地。利用这一网络，而不是阻挡其步伐，才是让全球化造福世界的最佳选择。（**李开盛，上海国际问题研究院副院长、研究员**）

奋楫新征程，扬帆“一带一路”

——上海凯泉泵业（集团）有限公司

“一带一路”倡议为中国制造业国际化提供了一个历史性的机遇。“一带一路”共建国家和地区的市场需求与中国极为相似或为互补，因此中国的装备制造业具有一定的优势。中国的制造企业把中国的产品、服务输送到“一带一路”共建国家和地区，能够进一步地扩展中国制造企业的市场空间。同时，企业在进行国际业务开拓的时候，其产品研发、管理、制造以及营销都会遇到一些新的挑战。这些挑战会进一步使企业的水平和能力提升，特别是在产品力、技术创新以及营销方面，进一步推动企业的转型升级和高质量的发展。民营企业也是市场经济的主体之一，民营企业对“一带一路”政策的响应，是政策得以可持续发展的基础，也是政策互利共生的一部分。

自国家“一带一路”倡议提出以来，民营企业凯泉泵业一直都在积极做出回应，深入布局海外能源市场，至今已为全球各类电厂提供泵品2万多台，输出技术专利200余项，涉及项目40个，其中包含了18个核电项目、17个火电项目和国家战略先导专

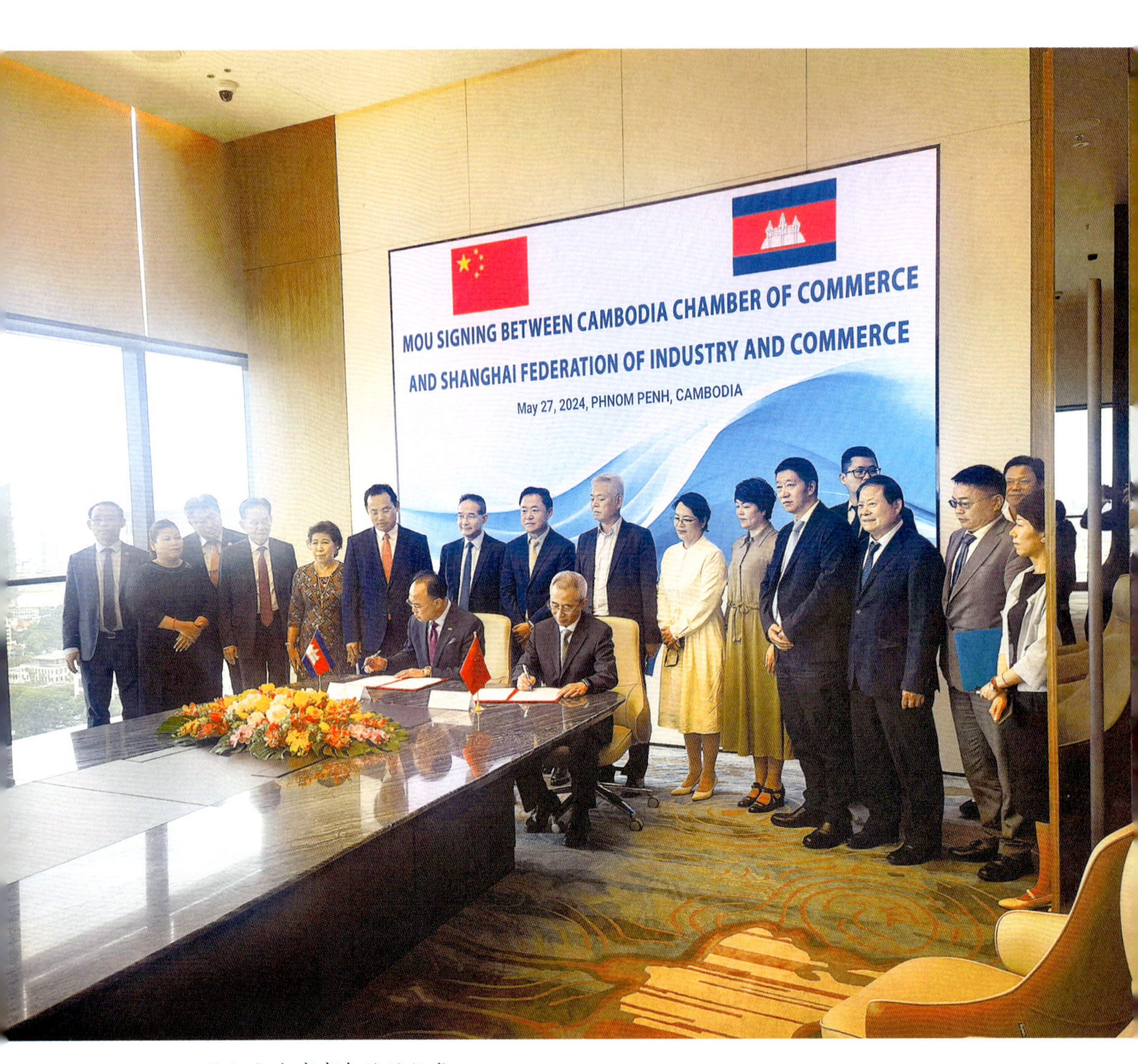

林凯文出席商务签约仪式

项设备项目，足迹遍布“一带一路”多个共建国家及地区。此外，凯泉泵业也正在筹建海外工厂，在东南亚地区将进行首个海外制造基地布局，直接和国际品牌竞争，用硬实力打造“中国制造”新名片。凯泉的目标理念是做“泵业引领者”，引领中国泵业创新发展，励志泵业报国，走向全球，成为世界一流泵业。

踏浪改革开放经济腾飞之路

凯泉泵业是一家起步于温州的民营企业。凯泉泵业的引领者董事长兼总裁林凯文，作为一个血管里流淌着创业基因的温州人，1989 年，20 岁出头的林总毫无例外地一头扎进了创业浪潮中，凭着一些机械背景，在浙江永嘉开办公司、开设工厂。温州自古“七山二水一分田”，资源禀赋短缺，工业基础差，艰苦的生存环境，反而激发了温州人的创业精神，因此温州人个个“想要走出去，敢于走出去”。1994 年，林凯文踩着历史节点，来到了上海，来到工业基础好、人才密集、政策优惠、交通便利、品牌影响力大的上海，继续着自己的创业梦想。当时的上海，恰逢“三年大变样”，上海的政策、人才、技术及热火朝天的创业气氛，给了林凯文源源不断的资源和信心。他在当时尚处于偏僻的汶水路 860 号租了一间 700 平方米的仓库，以此作为自己在上海发展的立足点。1995 年，正式成立上海凯泉给水工程有限公司，把企业发展中心转移到上海。为了迅速适应市场，林凯文招聘了清一色拥有大学本科学历且有工作经验的上海人当销售人员，并先后从全国有关研究所和企业引入 150 多位高级研究开发人才。事实证明，林凯文当年做了一个非常正确的选择。

林凯文出席上海凯泉泵业集团与越南地质矿务物资股份公司合作签约仪式

面对竞争激烈的泵业市场，凯泉通过三方面来加强竞争力。一是在中国泵行业率先采用直销的销售模式，开始在全国设立办事处进行直销。二是针对房地产市场和城市市政建设需要，主推立式管道型的单级离心泵，这种泵型占地小、结构紧凑、噪声低，适合楼宇使用。三是销售人员热情周到的售前、售中和售后服务，深受用户欢迎、称赞。依靠建筑市场把产品做精做强，为客户提供最优的性价比产品和服务，小企业闯出了大市场。之后，国家经济进入高速增长期，无论房地产投资、工业投资、外贸都快速增长，上海给了凯泉更高的平台、更多的机遇。凯泉顺势而为，立志打造中国领先的泵工业工厂。在过去改革开放多年间，林凯文一直专注在泵领域和打造多产品门类，他自己坚信，凯泉能成为今天这样子的主要原因是在面对各种机遇和诱惑时，坚持把一件事情做好。从创业最初到现在，林凯文脑子里很少有其他心思，一心只想把企业做起来，做强，做大。因此，凯泉泵业二十年如一日，心无旁骛，一直坚持在泵业领域耕耘，并且产品门类日益广泛，应用涵盖建筑、市政一级包括石化、钢铁、冶金、核电、电力在内的工业领域等众多市场。近 20 年间，凯泉泵业依托中国经济发展的历史大机遇，不仅在通用泵产品领域成为排头兵，而且在高端领域攻克了一个个难关。近些年，凯泉泵业的销售额不断突破，至 2021 年，月销售额已达 8 亿元，年销售额实现“多级跳”，不断突破 1 亿元、10 亿元、50 亿元大关，至 2023 年，年销售额已达 67 亿元。

技术创新，助力中国泵工业走向全球市场

目前，中国的创新驱动发展正持续推动本土领先品牌实现增长，助力本土品牌实施其全球市场战略。中国品牌正处于创新发展的最前沿，同时中国“出海”品牌正助推“中国品牌”在全球范围内树立创新、前沿和领先的形象。2008 年金融风暴让国内泵类行业陷入经营困难，举步维艰，国内泵企通用产品“价格战”更为激烈，凯泉泵业的订单下降，利润也急剧下滑。面对金融危机的严峻形势，上海市、嘉定区政府都十分关注大中型高新技术企业的发展。中共嘉定区委、区政府主动就当时的经济形势、人才、创新等问题下基层进行调研，鼓励企业要挺过“寒冬”，政府会进一步从税收、资金等方面加大支持的力度，支持企业走科技

林凯文出席俄罗斯水协会议

创新、可持续发展的道路。同时，市经信委和科委等相关部门则为企业发展出谋划策，引导企业跳出低价竞争怪圈，向科技创新要效益。

凯泉开始反思“价格战”之所以造成跟国内泵企两败俱伤，原因就在于国内产品的低端和同质化现象严重。当时，国内泵累产品主要集中在清水河污水泵、低端工业用泵，而高附加值的大型、高端工业能源类用泵，如火电、核电、石化用泵等几乎是空白，长期被国外垄断。凯泉在政府指导下，制定了 2009—2012 年共计投入科研经费 7 亿元的规划。凭借凯泉在行业内的声誉，以及市经信委、市科委等部门推荐，公司在一年内迅速集聚了一批泵业领域的顶尖专家，逐步建立起国内一流的力学、水力、材料应用3个先进基础实验室，以及热冲击、高精度闭式、超大型水泵测试等3个国际领先的测试台。如此大的科研设备和投入，这在国内泵行业绝无仅有！面对企业自主创新、转型升级，政府部门在资金支持上也不含糊，市级层面，有一年对凯泉自主研发项目资金支持就达上千万。此外，市经信委、市科委还积极引导企业参与国家和市级专项课题，凯泉完成市级重大技术装备研制4个项目，被批准立项“上海电站泵工程技术研究中心”。政府部门对企业的重视，让凯泉人切实尝到了脚踏实地做实业的甜头，更专注于泵业，专注于技术创新，专注于提升产品竞争力。

经过3年的卧薪尝胆，凯泉收获自主研发的累累硕果。自主研发的AP1000第三代核电用余热排出泵等20多项重大产品，率先通过了国家能源局的鉴定，填补了我国在核电领域的技术空白。虽然凯泉的国家专利已经不下200项，但唯独这些重大产品技术最是“得意”。全国获得核Ⅱ、Ⅲ级泵设计/制造许可证的企业只有5家，而凯泉是唯一的民营企业。凯泉一直致力于泵产品的效率提升。凯泉对企业所有产品进行配置升级换代，目标是向国际一流产品靠齐。2018年，有150名技术人员从事产品升级，改进现有产品400多种规格，其性能提升6%以上，70%产品性能超国家节能标准。

从2010年进军核电、火电等重点高端泵领域，凯泉相继研发20个核电产品并得到国家级产品鉴定，国核、广核、中核、台山、防城港、巴基斯坦恰西玛等十几个国内外核电站的核级泵都采用凯泉产品，填补了国内产品空白，打破了国外垄断。2017年11月21日，上海凯泉与英国业主方和法国电力公司，签署了英国欣克利角三代核电站设备包项目，包括核电站核岛内145台核三级排水泵，合同额400万英镑，标志着中国第一家民营企业成功进入

林凯文考察“一带一路”企业时与员工合影

欧洲核电市场。目前水泵类产品细分领域，核电产品的技术和生产工艺要求是最高的最精密的。在核电产品方面取得卓越成绩的凯泉泵业将核电的生产管理和质量管理经验运用到民用产品上去，打造出来的产品在各方面表现无疑都是远超对手的。而这种对技术的深耕，无疑让凯泉泵业可以走得更远、走得更稳，走向全球市场。凭借先进且具有国际竞争力的专业技术，凯泉泵业的国际步伐正在大步迈进，这成为企业未来发展战略极其重要的一部分。面对新的市场环境，凯泉规划 2025 年进入世界泵业前 5 强。

布局海外市场，打造中国制造新名片

作为高质量共建“一带一路”的生力军，民营企业对于增强“一带一路”活力、推动其行稳致远具有重要意义。凯泉董事长兼总裁林凯文深信，“一带一路”倡议将为中国泵业企业带来前所未有的机遇。特别是共建国家和地区，如印度尼西亚、泰国、俄罗斯，以及未来的印度、南非、中东等，其经济发展迅速，相应对基础泵的总体市场需求大、增长快。而中国泵产品凭借性价比高、服务及时等优势，具有很强的竞争力，这有利于中国泵企业“走出去”。

开拓海外市场是凯泉企业发展战略的重要组成部分。从一开始，凯泉就积极响应国家的“一带一路”倡议，与国字头工程总

凯泉海外员工在国际展会

包公司合作，共同进入国际市场。

在具体实践中，凯泉积极参与中资企业的海外项目。例如，在巴基斯坦鲁尔露天煤矿项目中，使用方位于巴基斯坦，而采购方则是北京的 CMEC。面对现场恶劣的工作条件以及当地员工操作不熟练的挑战，凯泉深刻意识到，任何意外都可能严重影响正常作业并导致经济损失。鉴于生产和运输周期长，凯泉与中资公司紧密合作，采取了提前预制生产、预备易损件的策略，这一举措有效缓解了现场的紧迫需求。

凯泉始终从细节入手，主动服务于中资企业的海外终端客户，不仅用心温暖了用户，更维护了中国制造的形象。在建立海外销售网点的同时，凯泉也建立了备品备件库，最大限度地缩短服务距离，大幅降低运行成本。这些举措提高了客户满意度。

随着中国经济的飞速发展，对战略资源的自主支配变得日益紧迫。凯泉沿着“一带一路”“走出去”，聚焦为能源配套热点地区，响应国家能源战略去找市场。例如，凯泉参与了洛阳钼业在刚果的钼、钨项目，紫金矿业在南非的铜项目，以及中广核在纳米比亚铀原生矿床开发项目等。就此，凯泉全力与国内其他行业龙头厂家携手，共同在海外市场上不断开拓业务。例如，凯泉与上海电气集团一起活跃在印度和俄罗斯市场，与青山控股、德创环保等一批优秀企业，携手共建印度尼西亚的新能源产业工业园。

同时，凯泉也凭借自身的实力在海外出圈。在印度尼西亚，首都大雅加达市政水网、雨污水分离厂等项目都使用了凯泉的排污泵和液下轴流泵。2020 年印度尼西亚佐科总统在视察雅加达灾情时，对凯泉提供的泵产品在飓风灾难后仍能正常运行给予了高度赞赏。目前，凯泉正在积极参与印度尼西亚新首都的建设工程。

在印度市场，凯泉经过 5 年的技术储备和文件对接，最终在 2019 年底脱颖而出，一举拿下印度国家电力的电厂脱硫渣质杂浆

林凯文考察印度尼西亚水泵厂

泵项目。这一突破让凯泉的海外拓展事业迈上了一个新台阶。

然而，“一带一路”倡议也给民营企业带来了挑战。国外销售面临的最大难点是技术壁垒和各国法律法规标准的差异。为此，凯泉加强了对“一带一路”共建国家和地区法律法规的研究，并鼓励员工提高外语水平和对国际市场的认知。同时，企业也决心长期培养国际化人才，以适应国际化步伐，实现向国际化企业的转型。

凯泉还积极参与海外招标平台上的民生项目公开招标。例如，塔吉克斯坦的蓄水泵站、乌兹别克青年奥运会场馆建设、埃及开罗新城以及埃及尼罗河蓄水泵站等项目。在做这些工作的同时，凯泉主动与当地的顾问公司、设计院以及行业协会联系，让他们在技术参数和标准上接纳中国制造概念，排除了品牌壁垒。

目前，凯泉还在东南亚地区筹建海外工厂，进行海外制造基地的布局。为了推动企业国际化的转型，凯泉还在积极探索发展国际代理商模式，先后在越南、泰国、马来西亚、印度尼西亚、埃及、俄罗斯、乌兹别克斯坦等地发展代理商，以进一步细分行业和终端用户领域市场，扫除了市场盲点，用凯泉优势做抓手，给海外客户提供了售前、售中、售后服务的最好解决方案。

【专家点评】

凯泉泵业是一家起步于温州、发展于上海、壮大于海外的著名民营企业。三十而立、四十不惑，凯泉泵业的发展史与中国的改革开放史一脉相承，彰显温州人的务实精神、创业文化与国际视野。

首先，凯泉泵业的成功在于配合我国总体外交。改革开放以来，中国政府大力扶持民营企业，在融资、出海等方面为民营企业排忧解难，为民营企业的健康发展营造良好的环境。国有企业和民营企业是推动我国经济腾飞的两大引擎，处于同等重要的位置。习近平总书记多次强调，我国经济发展能够创造奇迹，民营企业功不可没。民营企业创造了60%的国内生产总值，带动了80%的城镇就业，尤其在沿海地区发挥着举足轻重的作用。2013年“一带一路”倡议提出以来，中央和地方政府为企业“出海”积极献计献策，民营企业也积极配合国家总体外交方略，成为推进“一带一路”倡议的生力军。中国的总体外交强调政府与企业的良性互动、官民并举。中国与各国经贸合作坚持“政府搭台、企业唱戏”的原则，“一带一路”项目落地生根体现“政府引导、市场主导”的原则。“一带一路”催生了新型政企关系，那就是中国领导人为企业站台，民营企业则为国家扬名。30余年来，凯泉泵业积极响应政府号召，配合国家总体外交，拓展了企业的商业利益，也维护了国家的总体利益。

其次，技术创新是凯泉泵业永葆青春的法宝。截至2024年底，我国登记注册的民营企业数量达5 500余万户。科技革命犹如大浪淘沙，民营企业在激烈的市场竞争中要想处于优势地位，技术创新是关键。第四次工业革命背景下，物理世界、数字世界与生物世界相互联动，新质生产力成为企业高质量发展的关键，唯有坚持技术创新，企业才能立于不败之地。党的十八大以来，我国出现了大众创业、万众创新的繁荣局面，一大批民营企业脱颖而出，从“中国制造”到“中国智造”，积极提高产品附加值。凯泉泵业跳出舒适区，紧跟时代创新的潮流，成为时代的弄潮儿。这家立足长三角地区的民营企业在全球产业链与供应链重构过程中努力掌握硬核技术，争取优势地位，实现了产值与利润的双增长。

最后，面向世界是凯泉泵业从胜利走向胜利的关键。长三角地区是我国民营企业的沃土，参与国际分工是企业做大做强的重要手段。温州人多地少，温州商人拥有面向海外、面向世界的胸襟。近些年来，国内泵业市场日益饱和，全产业内卷严重，价格战愈演愈烈。民营泵业企业何去何从?“出海”是重要出路。凯泉泵业背靠祖国、放眼五洲，积极参与国际分工，从东南亚到俄罗斯，从中亚到中东，从非洲到欧洲，从参与水电项目到参与核电项目。凯泉泵业人的足迹到哪里，中国的品牌就到哪里，中国的服务和影响力就到哪里。世界足够大，机会足够多。中国的民营企业只有在世界舞台上参与竞争，才能与世界各地的优质企业形成互利共赢的共生关系，才能倒逼国内改革，弥补国内企业在技术与管理方面的短板。地球是我们共同的家园，人类社会是有机的整体。只有中国企业与国际同行深度合作，形成利益共同体，国与国之间才有望构建安全共同体，人类社会才能形成同舟共济的命运共同体。

总之，凯泉泵业的发展壮大，是长三角民营企业突飞猛进的一个缩影，体现出温州商人坚韧不拔、激流勇进的创新精神和胸怀天下、扬帆远航的国际胸襟。百年未有之大变局下，科技革命日新月异，中国的民营企业也需要与时俱进，从顺势而为到谋势而动，贡献高质量的产品和服务；树立品牌意识，制定中长期发展规划，在建设美丽中国、美好世界的新征程中实现企业的社会价值。（**孙德刚，复旦大学中东研究中心主任、国际问题研究院院长助理、研究员**）

把健康带给世界万家

——上海荣泰健康科技股份有限公司

随着经济社会的发展，人们对健康的认识逐渐改变，对健康的观念也在不断更新，健康成了所有人的生活理念。近年来，在健康保健产品中，按摩器具成为许多消费者青睐的产品。从世界范围看，全球按摩器具的市场规模持续扩大，2015 年市场规模首次超过 100 亿美元，2019 年又超过了 150 亿美元，已形成了北美、欧洲、东亚和东南亚四大主要消费区域，中国则成为全球按摩器具消费需求增长最快的地区之一。中国加入世界贸易组织之后，国际产业分工和制造业转移的趋势也在按摩器具领域发生变化，全球相关产业链开始向中国大陆转移。目前，中国台湾地区原有的按摩器具相关产业已经基本完成转移，日本厂商也陆续退出了小型按摩器具和中低端大型按摩器具领域。上海荣泰健康科技股份有限公司作为该行业的先行者，自 1997 年创立至今，积极顺应全球按摩器具产业转移浪潮，持续开展产品创新和技术革新。荣泰这一品牌不仅成为国内高质量按摩椅的代名词，也赢得了海外市场的广泛认可，呈现出强大的出口竞争力。

ROTAI
荣泰

荣泰 logo

“品牌 + 核心技术”成就领先地位

大多数民营企业的创立和成长历经心酸，荣泰的开始同样如此。林光荣作为创始人，像很多温州人一样，从小就开始经商，养过蜜蜂、做过家具，历经了无数的风风雨雨和起起伏伏。一个偶然的机会，让林光荣接触到了电动家具项目。经过调研考察后，他认为这个行业有远大前景，于是毅然辞去了家具厂稳定的高薪工作，创立了温州荣泰电子有限公司，从此扎进了让他真正倾心的事业。此时，林光荣已经 52 岁。荣泰者，寓意既大且强。“荣”者取林光荣名中一字，又有繁荣强盛的意思；“泰”者，泰斗、泰山也，强大的象征，此二字作为品牌名称，体现出传统中国文化的意味。一开始，荣泰只做和家具相关的配套震动按摩器配件，一间 90 平方米的小工厂和七八名员工是当年的全部家当。林光荣包揽了市场、采购、业务等工作，每天睡不到 5 个小时。渐渐地，市场做起来了，厂房和工人扩大了，公司也从只生产按摩器配件发展到生产按摩腰带、按摩靠垫等各类产品，每年增长的订单让

总经理　林琪

车间几乎超负荷运转。荣泰的品牌雏形自此诞生了。

林光荣的儿子林琪开始主要负责公司业务后，面对陈旧的设备、偏小的规模、滞后的技术，思考着突破“家庭作坊”约束的解决方案，旨在改变小生产、小规模的格局，寻求新的发展机遇和发展方式。凭借胆识和谋略，林琪将目光投向中国最大的经济中心城市上海，他认为这对企业的长足发展是有利的。于是，2004 年，公司搬迁至上海朱家角，以一座现代化的新工厂开启了公司的新征程。进驻上海后，林琪果断提出“创中国行业第一品牌”的企业愿景，并明确了“做专、做精、做强”的企业宗旨。2008 年，国际金融危机爆发，国内出口导向型企业遭受重创，按摩器具企业的出口形势同样不容乐观。荣泰的销售业绩在恶劣的经济环境下，不降反升，其中的原因是基于以林琪为首的荣泰高层领导的正确投资和决策。在其他同行对国内市场还不重视、一门心思大赚外汇的时候，林琪就开始转向国内市场的开拓。在经济压力导致同行节省开支的时候，他却投入巨资推广品牌形象和培育市场。比如，2008 年邀请香港著名影星吕良伟先生担任荣泰品牌形象代言人，斥资在中央电视台的二套和四套黄金时段播放广告，同时在《东方航空》和《南方航空》等高端杂志刊登荣泰内页整版广告等。林琪还积极借助国际国内平台，抓住一切可以与大事件结缘的机会，拓展品牌影响力和辨识度。如，2008 年作为业内唯一的按摩椅品牌进入北京奥运会，是中国航天事业的合作伙伴，成为 2010 年上海世博会专项赞助商和 2022 年北京冬奥会赞助商等，这些为荣泰进一步提升品牌和产品的知名度、美誉度和影响力奠定了良好的基础。

“品牌 + 核心技术”是荣泰多年来保持持续发展的法宝。荣泰按摩椅在科技创新上已经经历了五代革新，研发的三轴联动 3D 筋膜机芯、柔性导轨开创了行业先河，引领了行业发展。当前，荣

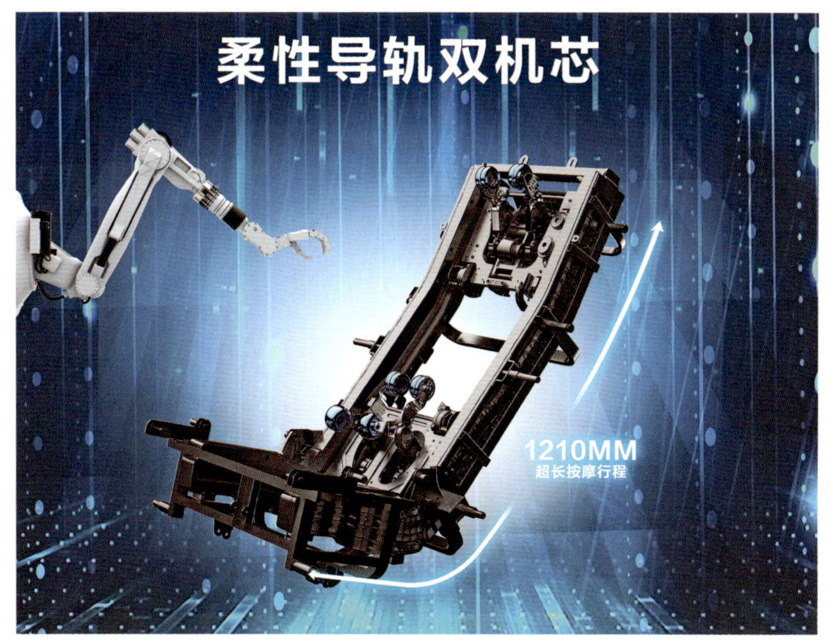

核心技术展示

泰的研发方向以四个方面为主：一是加强对按摩椅前沿技术的研究，包括机芯、导轨、按摩工艺手法等方面；二是通过产品外观设计、材料等方面的创新，创造消费需求、引领行业趋势；三是以按摩椅为载体，对外部技术的应用，诸如智能语音交互、VR、健康数据采集等新技术进行转化，以丰富功能，提高用户黏性；四是通过流水线排布及生产动作优化，在保证质量的前提下，提升产品的制造效率。这四个研发方向可以说既契合了全球数字化转型和新一轮科技发展的前进方向，又顺应了中国市场对产品进一步技术化、数字化、年轻化、时尚化的需求和期待，是在市场竞争中提高企业品牌和产品竞争力的关键所在，也是在技术竞赛中获取更大竞争优势的重要武器。为进一步推动技术研发，荣泰积极开展产学研协同，与复旦大学、同济大学、上海大学、上海中医药大学等高校进行合作，在人工智能、自动检测线及其他新

荣泰健康在上海的三大厂区（占地 68 666.7 平方米）

技术、新工艺上共同探索优化，在人体工学、穴位按摩、结构优化等方面共同开发，为产品设计提供技术支持，为产品开发提供数据支撑。产学研合作大大缩短了产品开发周期，保障了产品在行业中的领先性。

当前，荣泰以“进入千万家庭，服务亿万用户”为愿景，已经发展成为一家集研发、制造和营销为一体，专注于健康产业的按摩器具、科技养生解决方案供应商和品牌服务商，形成了以上海虹桥为总部，以上海朱家角为研发制造基地，以浙江南浔为制造基地的总体格局，旗下拥有多个跨地区、跨行业的子公司，涉及智能按摩器具、智慧家居、共享按摩等多个领域。2023 年实现营业收入 18.6 亿元，显现出强大的研发实力、自主创新能力和营销能力。

由“量”向“质”转变，推动品牌出海

在发展历程中，荣泰不仅注重国内市场的开拓建设，国际市场也一直是荣泰业务的重要组成部分。荣泰自创立以来，就是一家外向型企业。1997 年成立初期，荣泰受政策因素制约，在不能直接出口、无法直接面对客户的情况下，通过与外贸公司合作，尝试海外的出口业务。中国加入世界贸易组织，为广大国内企业拓展海外市场提供了巨大的契机，也使荣泰的海外业务进入了新的阶段。自获得进出口权之后，荣泰借助广交会、德国医疗站等众多海内外展会，以及阿里巴巴、环球资源等各大网络平台迅速拓展市场，开始以 ODM 和 OEM 为主要形式，为全球各地品牌提供代工生产，为此获得了大量客户，外贸业务得到快速发展。

CCPIT

出口商品品牌证明书

CERTIFICATE OF EXPORT COMMODITY BRAND

号码：22110080/A00023

企业名称：上海荣泰健康科技股份有限公司

COMPANY: Shanghai Rongtai Health Technology Corporation Limited

企业地址：上海市青浦区朱枫公路1226号

ADDRESS: No. 1226 Zhufeng Rd., Qingpu, Shanghai, 201714

品牌名称：荣泰

BRAND NAME: ROTAI

ROTAI 荣泰

商品名称：按摩器具

COMMODITY NAME: massage product

兹证明：依据团体标准T/CCPITCSC 015-2018《中国出口商品品牌评价规范》，上海荣泰健康科技股份有限公司的上述商品符合中国出口商品品牌标准。

THIS IS TO CERTIFY THAT: ACCORDING TO THE STANDARD T/CCPITCSC 015-2018 "SPECIFICATION FOR EVALUATION OF CHINA EXPORT COMMODITY BRAND", ABOVE MENTIONED COMMODITY OF Shanghai Rongtai Health Technology Corporation Limited CONFORMS TO THE STANDARD OF CHINA EXPORT COMMODITY BRAND.

此证明书自签发之日起一年内有效。

THIS CERTIFICATE IS VALID FOR ONE YEAR FROM THE DATE OF ISSUANCE.

查询网址/Enquiring Website

http://www.rzccpit.com/validate.html

CCPIT

授权签字人

Authorized Signature

日期：2022年04月25日

(Date: Apr. 25, 2022)

中国国际贸易促进委员会

China Council for the Promotion of International Trade

China Chamber of International Commerce

证书编号 Certificate No. 744914366002

QG08

AEO

认证企业证书

AEO CERTIFICATE

认证企业名称 AEO Name：上海荣泰健康科技股份有限公司

认证企业编号 AEO Code：AEOCN3120965618

认证企业类型 AEO Type：高级认证企业

认证日期 Date of Authorization：2016 年 08 月 19 日

发证机关 Issuing Authority

发证日期 Date of Issue：2016 年 08 月 31 日

多项进出口荣誉证书

到2012年左右，荣泰的大量客户在为企业带来业务增长的同时，也带来了一定的负面影响，比如，同一市场客户数量众多，相互之间容易形成恶性竞争，打价格战成为常态，导致荣泰的产品价值在终端市场被严重打压和低估，产品的生命力和持续力不足。此时，荣泰针对海外市场情况开始“做减法”，即更多考虑的是对合作伙伴的选择而非客户。这开启了荣泰海外市场由注重“量”到注重“质”的第三个发展阶段。改变策略之后，客户的减少反而提升了荣泰对合作伙伴的服务内容与质量，通过帮助合作伙伴制定销售策略、扩大市场份额，荣泰与合作伙伴共谋发展，取得了不错的业绩。同时，为了解决合作伙伴之间存在的恶性竞争问题，荣泰采取差异化经营策略，“同一国家不同的伙伴销售不同的产品”，促使合作伙伴可以大胆地进行市场投入，在消费者、

在伊朗、蒙古等地的门店

合作伙伴和荣泰之间形成三赢局面。此外，2016 年 10 月，荣泰获得了“海关 AEO 高级认证企业”证书及牌匾，这意味着荣泰取得了国际贸易最高级别“信用通行证”，将享受更多海关优惠和通关便利，这对于荣泰拓展海外业务又是一个更大的机遇。

到 2018 年左右，荣泰这一品牌凭借产品质量和新兴技术在国内市场站稳脚跟，市场份额进一步扩大。随着品牌的不断成长，进一步以品牌走向海外市场、扩大品牌知名度成为荣泰做大做强做优以及获得更大市场份额的重要一步。荣泰开启了品牌出海阶段。荣泰先后在伊朗、蒙古、老挝、阿联酋、科威特等国家，与当地客户达成品牌代理合作，打破传统海外业务以贴牌形式生产，让荣泰品牌走向世界。

本土化战略和国际营销促成全球销售网络

荣泰基于不同市场的消费习惯、文化习俗、风土人情等，采取本土化战略，追求市场拓展的多元化、多样化、差异化经营，让产品在海内外既有相同又有差异，更好迎合当地的市场需求。比如，在阿联酋市场，荣泰与当地文化充分融合，在店面装修风格上更多考虑阿拉伯元素，使产品能够更好地吸引当地市场和民众；基于伊朗人在色彩喜好上与中国人的不同，荣泰在伊朗代理的 logo 设计采用了金色，而不是国内的白色，在产品上则多以金色和黑色为主。由于蒙古人的体型普遍较大，荣泰在蒙古市场投入的产品型号以大型椅子为主。

在采购方面，荣泰积极利用全球优质资源，打造一流产品。在林琪的带领下，荣泰一直坚持“取自全球，品质为先”的理念，

2022 年迪拜节日城新店开业

在全球范围内甄选最优质的原材料及部件，因为只有最好的原材料和部件，才能生产出更安全、更舒适的产品。欧美的电子元件，日韩的轴承电机，江浙沪的皮革、海绵等，荣泰不只评估供应商的价格、质量、交货时效与服务，还充分考虑供应商所在地的环境对原料的影响。全球采购是荣泰获得品质信赖的根源。

在运营方面，荣泰加大了国际营销力度，比如，与迪士尼漫威联名，购买了无聊猿版权，以年轻化和品牌化提升荣泰国际品牌的吸引力和影响力，这为荣泰带来了大量的流量和订单。2015 年 11 月 26 日，荣泰更是大手笔把广告投放到了作为“世界十字路口”的纽约时代广场，全球中枢大屏、路透社、纳斯达克的三块广告屏在同一时间出现了一片火红，火红之上是荣泰向全世界发出“中国请你来坐坐”“上海请你来坐坐”“荣泰请你来坐坐”的邀请，吸引着往来人群的关注。虽然，与贴牌订单相比，品牌产品的数量和金额仍占少数，但这是荣泰品牌出海的重要一步，是荣泰走向国际化的重要开端。

近年来，荣泰面对全球疫情反复、经济复苏缓慢、全球贸易生变、海运紧张等诸多风险和挑战，与客户携手同行、共克时艰，取得了不错的业绩。2023 年，荣泰外销业务收入为 10.3 亿元，占总收入的 55.7%，其中，出口最多的是韩国市场。荣泰与韩国 BODYFRIEND 已有长期深度的合作，针对韩国消费者的需求，双方共同研发推出医疗级按摩椅产品，一经推出，就深受消费者青睐，当年就出货数万台，成为 2021 年的爆款产品。荣泰在美国、大洋洲、加拿大和拉美等区域市场的整体业务发展也十分迅速。

在纽约时代广场投放的广告

当前，荣泰还积极推动泰国生产基地的建设，旨在借助东南亚劳动力市场优势拓展新兴的东南亚市场，并在复杂的国际环境变化下推动供应链和生产韧性。

荣泰在美国市场的表现尤为亮眼，在美国独家推出行业领先设计的柔性导轨 + 双机芯组合的 8900、8800 等顶配设计产品拉高了行业天花板，得到美国经销商的追捧，公司产品功能强大、按摩舒适、品质优良，深受美国各经销商和广大消费者的喜爱。而在欧洲、俄罗斯、东南亚、中东等地区，荣泰的收入已连续三年持续增长，亦创历史新高。当前，荣泰正紧紧抓住全球按摩椅市场消费高速增长的趋势和机遇，充分利用多年来在功能特性、款式设计、质量稳定性、价格竞争力等多方面积累起来的综合竞争优势，一方面继续深耕 ODM 和 OEM 代工模式，另一方面通过亚马逊等国际平台，销售自有品牌的按摩椅和按摩小电器，不断提高品牌影响力，扩大市场份额。据统计，荣泰的产品已销往全球 140 多个国家和地区，销售版图不断扩展，全球销售网络已然成型。

当前，世界政治经济环境复杂多变，各国和企业都遇到了不少的困难。面对困难和挑战，荣泰坚持以产品创新和品牌化为核心，制定适应发展变化的策略，争取在变幻莫测的国内国际环境中砥砺前行。2023 年，荣泰全球累计销售按摩椅突破 280 万台，这对荣泰而言是一个具有里程碑意义的数字。在这背后，是荣泰始终坚信全世界会一如既往地追求美好生活的信念，而荣泰也始终从心出发，以自己的努力满足全球健康需求的巨大空间，这同样是荣泰为世界人民的健康提供的一种中国解决方案。伴随着中国深度地参与全球发展和健康进程中，以按摩为代表的中国元素正被越来越多的人所接受，中国制造的力量和智慧也正通过一家家高品质的中国企业充分展现，中国品牌正在逐渐得到世界人民的认可。荣泰相信，中国品牌的按摩椅等保健产品必将成为全世界人民改善生活的重要选项，而荣泰也将为中国产品和中国品牌走向世界继续添砖加瓦。

【专家点评】

随着经济社会的发展和人们生活水平的提高，健康保健品特别是按摩器具正受到越来越多消费者的青睐。作为全球按摩器具消费需求增长最快的地区之一，中国的市场活力离不开国际产业分工和贸易全球化的大趋势，也离不开众多企业在这一领域的辛勤耕耘。上海荣泰健康科技股份有限公司正是这一领域的杰出代表。荣泰凭借“品牌+核心技术”的长期战略，从注重“量”到注重“质”、从区域性企业到构建全球化产销网络，成功转型为国际健康科技领域的重要参与者。其成长之路不仅是中国民营企业在全球化浪潮中探索与突破的生动写照，更为同行业企业和其他计划走向国际的中国品牌提供了宝贵的经验。以下是荣泰成功的三大关键要素。

第一，品牌建设的“长期主义”战略眼光。

荣泰的发展始终贯彻品牌建设的“长期主义”理念。从品牌雏形诞生到“创中国行业第一品牌”宏大愿景的确立，企业通过多年的品牌培育与投入，树立了高质量、高科技的品牌形象。在2008年金融危机期间，荣泰高层逆势而行，加大对品牌形象的推广力度，例如邀请香港影星代言、投放中央电视台黄金时段广告、参与国际重大赛事的赞助等，成功提升了品牌知名度和美誉度。此外，在海外市场推广中，荣泰并未完全依赖传统的贴牌生产模式，而是逐步推行品牌出海战略，尤其通过与代理商合作实现本土化改造，使品牌更贴近目标消费群体需求。荣泰的品牌建设不仅是一种企业经营策略，更是一种长期主义的坚守。这种理念为企业带来的不仅是市场占有率的提升，更是消费者对品牌的信任度与黏性。

第二，持续创新，驱动产品，保持领先。

技术创新是荣泰持续保持行业领先的重要动力。从早期的震动按摩器配件，到近年来推出的三轴联动 3D 筋膜机芯、柔性导轨等技术，荣泰通过不断优化产品设计和功能，牢牢占据市场技术高地。同时，荣泰的研发方向还顺应了市场的数字化和年轻化趋势，聚焦于智能语音交互、VR 技术、健康数据采集等新兴技术应用。这种技术导向不仅增强了用户黏性，也显著提高了产品的附加值。值得一提的是，荣泰的产学研协同策略为技术创新提供了重要支撑。通过与国内一流高校合作，荣泰在人工智能、自动检测线、人体工学等核心领域形成了扎实的技术壁垒，同时加快了产品开发周期。持续创新的战略使荣泰不仅在国内市场占据领先地位，也为其进入国际高端市场奠定了技术基础。

第三，品牌出海和本土化策略成就了全球产销网络。

荣泰能够在全球市场立足，得益于其对国际化与本土化的深度融合。依托卓越的产品质量和领先的新兴技术，荣泰先是在国内市场站稳脚跟，随后迈入品牌出海的关键阶段。在早期的国际化探索中，荣泰通过 ODM 和 OEM 代工模式，积累了丰富的海外市场经验。而后，企业主动调整战略，逐步减少低附加值客户，聚焦优质合作伙伴，同时制定差异化经营策略以优化海外市场布局。近年来，荣泰通过与伊朗、蒙古、阿联酋等国家的代理商合作，结合当地市场需求，实施本土化战略。例如，在蒙古市场推出适合当地人体型的大型按摩椅，在阿联酋注入阿拉伯文化元素等，都为荣泰赢得了良好的市场口碑。此外，荣泰积极参与国际知名展会，拓展与全球代理商的合作关系，构建起覆盖140多个国家和地区的全球销售网络。在国际贸易环境日益复杂的背景下，荣泰通过在东南亚布局生产基地，提升了供应链韧性和抗风险能力。这种灵活应变的能力进一步巩固了其全球化布局的稳定性。

荣泰的成长历程体现了“品牌+核心技术”的长期主义战略在企业发展中的重要性。从专注品牌塑造到技术驱动创新，再到全球化拓展，荣泰的每一步发展都为其他中国企业提供了宝贵的经验。这一案例表明，唯有持续深化品牌建设、强化技术研发、精准实施本土化战略，才能在国际化竞争中立于不败之地。

荣泰的故事也是中国制造走向世界、中国品牌赢得全球认可的缩影。随着世界经济格局的变化和消费需求的升级，荣泰的实践无疑为中国企业迈向全球化提供了范例，也为中国产品向高端化、品牌化转型注入了信心和动力。（**陈玺，中欧陆家嘴国际金融研究院研究员**）

打造中国表材新名片

——浩力森涂料（上海）有限公司

近年来，伴随着新一轮科技革命和产业变革的演进，绿色和能源转型成为大势所趋。无论在国内还是国外，绿色、低碳、环保、可持续的发展理念已经深入人心。中国在此时代潮流中，不仅加快了生态文明建设，提出绿水青山就是金山银山的理念，而且在“一带一路”倡议中突出绿色发展，提出绿色丝绸之路，将其作为高质量共建“一带一路”的重要组成部分。2021 年 9 月，习近平在第七十六届联合国大会一般性辩论上提出“全球发展倡议”，强调要坚持人与自然和谐共生，这与共建“一带一路”的绿色发展底色相吻合，为持续推动绿色丝绸之路提供了新的契机和机遇，也是实现联合国 2030 年可持续发展目标的中国方案。

在这一背景下，中国企业已积极开展全球布局，与“一带一路”共建国家加强绿色合作，助益共建国家的绿色发展，涂装企业就是其中的重要参与者。涂装行业在印象中属于高污染、高能耗的劳动密集型行业，但如今通过技术升级和发展转型，实际上已实现高技术化、自动化、低碳化。浩力森涂料（上海）有限公

集团大楼

司凭借创新的产品、优异的质量、良好的服务，不仅在国内市场站稳脚跟，还在国际市场打出了自己响亮的品牌，成为全球多家知名企业的重要供应商，也成为高质量共建“一带一路”的积极参与者。

涂装行业的国际领先企业

浩力森最早位于浙江永嘉桥头镇浙江坚美服辅拉链公司仓库，从做拉链头涂装材料的电泳漆代理开始，逐渐由永嘉区域向全市及全国推广。但是，由于产品的性能、应用施工性不能很好满足当时应用行业的特殊需求与施工复杂性，因此产品推广进展困难，甚至出现了萎缩趋势。当时，水性电泳涂料属国家鼓励的环保型产业，凭借其性能、施工效率、环保等各方面综合优势，在汽车行业及其他工业中呈现出了全面推广之势。包括现任总裁周贤在内的公司早期创始人敏锐地意识到，要想保持可持续发展，不但要向其他行业、领域全力推广发展，而且不能只做代理，必须有自己的产品。

下定决心后，3 位联合创始人辗转来到上海，于 2003 年创立了浩力森涂料（上海）有限公司。浩力森创立前 10 年，以密集型发展战略为主，深耕电泳涂料的技术创新与市场拓展，将电泳涂料的应用领域从服辅拉链行业向汽摩配行业、家电行业延伸。之后几年，浩力森不断推出更多创新产品和技术工艺，不少知名的家电和汽车企业与浩力森强强合作，包括家电家居行业的美的、海尔、老板、方太、宜家，电梯行业的日立、三菱，客车行业的亚星、金龙，汽车行业的一汽、长安、东风、沃尔沃等。在合作中，浩力森的产品得到了合作伙伴的高度认可。2014 年至今，浩力森开启了密集型、一体化、相关多元化、国际化经营四位一体的发展战略，致力于启迪材料极限，关注核心竞争力和可持续发展，为客户提供性能优异、功能多样、绿色环保、节能降本的全方位表面处理解决方案。2015 年，浩力森进军商用车行业，成为富华、锣响的重要供应商，同时与北汽福田达成合作，在车轴、车架、挂车等领域抢占市场先机。次年，浩力森又与李尔、安道拓、弗吉亚、英提尔等一线主流汽车零部件制造商达成合作。2022 年，浩力森与全球传动系统领军企业采埃孚达成战略合作，为其变速箱产品进行水性涂料体系供应。作为一家完全自主创新的中国企业，浩力森以技术实力和品牌优势打破垄断，与那些拥有百年历程的友商站在了同一舞台，坚实地打下了一片天地。

历经 20 年的发展历程，浩力森已成为一家环保材料、表面处理系统性创新解决方案的国际领先企业。2021 年，员工人数达到 526 人，营收超过 10 亿元，主营产品涉及环保涂料、功能新材料及原材料，表面及处理创新系统解决方案，应用领域涉及一般工业、汽车、工程机械、高铁、3C、高端皮革等，所涉领域产品对标国际一流品牌，在国内众多应用领域业绩均名列前茅。目前，浩力森下属 2 个化学新材料制造基地、3 个营销公司和 4 个科研总公司，所有产品符合 ISO9001/IATF16949 质量管理体系、ISO14001 环境管理体系、ISO45001 职业健康安全管理体系等国际标准。

近年来，国家对环境保护的重视程度与日俱增，《“十三五”生态环境保护规划》明确提出，涂装行业实施低挥发性有机物含量涂料替代、涂装工艺与设备改进，建设挥发性有机物收集与治理设施。这就要求涂装行业改变高能耗、高排放的特点，降低 VOCs 排放，推进环境友好型发展。由此，“油改水”涂装环保变

原料罐区

革思路凸显而出。水性涂料以水为介质，相对于传统溶剂型涂料具有更环保的优势，在家具、家装等行业已推广运用，但在工业涂装领域却还是一个大胆的尝试。浩力森积极顺应国家绿色政策发展趋势，研发的新一代水性浸涂漆不含铅、镉、铬、汞等重金属，VOCs 含量低、气味小、干燥好，适用于不同的金属板材，可做底漆，亦可做底面合一涂料使用。漆膜不仅具有附着力强、柔韧性好、光泽度适中可调、丰满度高、硬度高等特点，而且兼具优异的理化性能，其中抗腐蚀性、耐化学品性、耐酸碱性能突出。与此同时，浩力森还开发出减少能源消耗量的低碳涂料和粉末涂料，其中低碳涂料采用一涂一烘、二涂一烘、低温固化等施工工艺，有效帮助客户节能减排，提高生产效率，减少挥发物的含量。粉末涂料则拥有无溶剂、100% 转化成膜、保护和装饰综合性能等特点，成膜外观和各种机械性能、防腐性能安全满足行业对产品的高端要求。2019年，浩力森研发出NOCS纳米涂料，一举攻克长期困扰集装箱涂料应用中不环保、防腐蚀性一般、施工性困难等难题。可以说，浩力森在降低VOCs含量方面的努力和成效，也正在助益和引领中国涂装行业的绿色低碳发展和技术转型升级。

国际市场上的“浩力森元素”

浩力森不仅致力于提升技术水平，巩固国内市场，要想保持长期可持续发展，也致力于学习引进国际先进技术和推动“浩力森元素”的国际化。近年来，浩力森作为民营企业的重要一员，以产品和技术优势逐步开拓和深耕海外市场，经营好国际化战略，尤其是积极参与“一带一路”建设。“一带一路”倡议提出后，浩力森立即成为坚定的践行者，第一时间紧跟国家发展大势和政策趋向，将目标投向国际市场，积极服务并深度融入中国正着力加快构建的新发展格局。

2014年，浩力森在德国、日本注册商标，成立海外事业部，以优异的产品品质、现代化的智能制造布局全球高端涂装产业，立志打造属于中国的国际化表面处理自主品牌。多年来，浩力森的产品已远销东南亚和欧美市场，相继出口伊朗、印度、巴基斯坦、土耳其、泰国、阿尔及利亚、越南、俄罗斯、孟加拉国、印度尼西亚等全球30多个国家和地区，并设立了许多技术服务点，不断完善“一带一路”共建国家的市场布局，接连取得了一系列的成绩。比如，2019年，伊朗某品牌汽车制造商在全球范围内为其整车车身涂装寻求新的合作伙伴，众多优秀的涂料企业参与竞

伊朗顾客端现场

争。经过重重严格筛选，最终，浩力森凭借优异的产品质量、优秀的服务体系和完善的解决方案夺得头筹，与其达成战略合作，成为伊朗车企的重要供应商。

尽管，近年来受新冠疫情、中美贸易摩擦、原材料紧缺等多重不利的国际环境影响，全球经济增长乏力，对涂料行业形成一定冲击，但浩力森仍以昂扬向上的民族品牌之姿，促进产业创新，经一系列优化布局，努力开创引领新时代中国涂料产业转型发展新格局，全力实现自主品牌的国际化和强国梦。在国际市场上，浩力森是国内第一家也是唯一同时获得德国大众、美国福特、北美通用三大主流车企认定的中国自主品牌涂料，这代表了国际市场对浩力森产品的高度认可。可以说，近 10 年的海外拓展经验已然使浩力森成为中国表材领域的新名片。

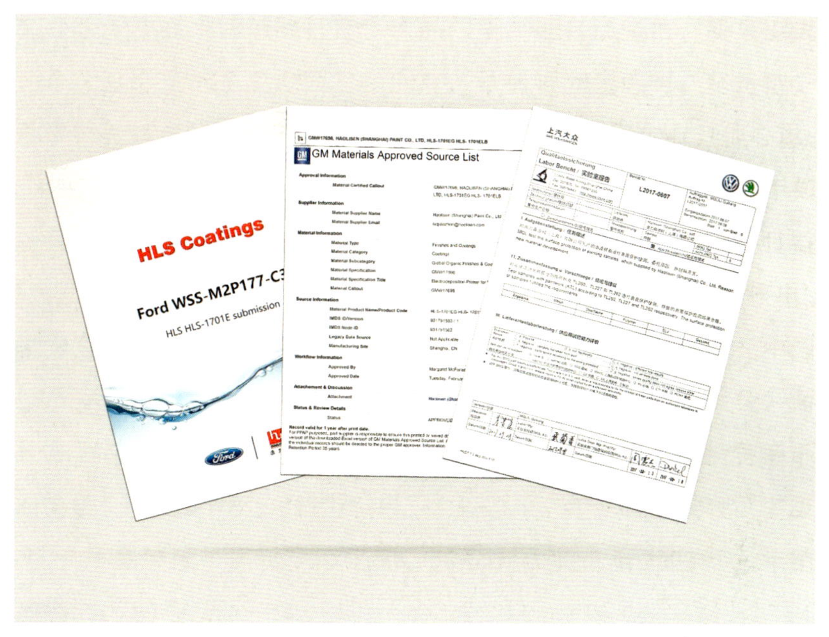

三大主机厂认证书

2021 年 5 月 28 日，巴基斯坦 KD 项目联合团队见证了首台名爵 HS 下线，这是一个重要的里程碑，标志着上汽集团主动参与国际竞争和海外 KD 基地经营的历史性一步，也是上汽集团名爵品牌在巴基斯坦市场上迈出的坚实的一步，更是提升上汽集团自主品牌在海外的销量和影响力的一步。对于所有国人来说，见证一个又一个自主品牌踏上国际舞台，成为全球焦点，都深感荣耀和自豪。而浩力森作为业内专业的表面处理自主品牌，正是这款名爵 HS 汽车车身的电泳底漆供应商，见证并参与了上汽集团在国际舞台的绽放，用实力与品质助力上汽集团在全球汽车市场迈出夯实脚步，这也可以说是为品牌强国路这一中国梦“加码”！此次使用的车身电泳漆为浩力森 HTP 系列产品。该系列产品是浩力森针对乘用车市场需求特点而自主研发的，具有高盐雾和高泳透力的特点，自 2017 年投入市场以来，以过硬的产品品质受到了众多客

巴基斯坦 KD 项目联合团队首台 MG HS 下线

户的好评。在全球众多同类产品中，名爵最终选择了浩力森 HTP 系列，这是对浩力森的信任和肯定。

“世界杯”是全球规模最大、收视率最高的顶级赛事之一。第 22 届世界杯于 2022 年在卡塔尔隆重举办，这不仅是“世界杯”首次在中东国家举行，也是首次在北半球冬季举行。值得一提的是，此次大赛不论从场馆建设到酒店住宿，还是从通勤车辆到比赛周边，随处可见“中国制造”的身影。“浩力森元素”也惊艳亮相世界杯，成为众多现身卡塔尔的“中国元素”之一。由于本届世界杯是最后一届由 32 支球队组成的比赛，也是不少世界级球星最后一次冲击大力神杯，因此吸引了约120万名球迷前去观赛，人员数量庞大。这无疑对当地的各项基础建设，特别是空调和供水系统，提出了严峻的挑战。众所周知，卡塔尔是一个“水比油贵”的国家，因世界杯期间用水、供水需求激增，卡塔尔专程在沙漠中修建了15个全球最大的饮用水水池。为了让球员在理想的温度下踢球，卡塔尔还给足球场逐一配备了空调，对草坪和看台定向降温，可谓诚意十足。如此声势浩大的工程，没有品质可靠、产品过硬、售后及时的品牌，怎么能给卡塔尔政府和所有球迷吃下定心丸呢？因此，当浩力森的合作伙伴G集团和L集团深度参与此次世界杯供水及空调工程的承建工作时，也意味着众多身披“浩力森涂料外衣”的空调和水泵系统产品亮相卡塔尔的各大场馆，为本次的历史性赛事提供了优秀的涂层配套和全方位涂装解决方案，为卡塔尔政府和所有球迷的生活环境和用水安全提供了强有力的保障。

如今，产品分工是极为细致的，一件最终产品的组成可能包含了成千上万个零部件和技术工艺，而每一个零部件和技术工艺都可能来自不同的品牌，也就意味着来自大大小小的不同企业。而我们很多时候仅能发现和记住最终产品的品牌及其企业。也就是说，在共建“一带一路”进程中，当一件产品走出国门，走进“一带一路”共建国家时，不只是一个中国品牌或中国企业参与其中，而且包括了众多中国企业的部件、技术、工艺，也蕴藏了各家企业无穷的创新。选购汽车、空调、摩托车、家电等产品时，其美丽的“颜值”就很有可能来自业内权威专业的表面材料制造商——浩力森，而“浩力森元素”也伴随着众多中国企业和产品现身“一带一路”共建国家，为中国与共建国家的经济、贸易、技术合作做出默默无闻而又至关重要的贡献。今后，浩力森仍将不断吸收、融合国际先进的表面材料制造理念与技术，深入攻关自主创新技术，持续投入科技研发，进一步提升品牌核心竞争力，

浩力森海外市场合作仪式

同时，多维度地开辟新的海外蓝图，向更多的国家和地区出口优秀的中国“智”造产品，让“浩力森元素”出现在更多的世界舞台。以振兴民族产业为目标的浩力森，不仅将为自主品牌强国梦添砖加瓦，也将为高质量共建“一带一路”贡献更多力量。

【专家点评】

“当一个国家经济发展到一定程度，企业出海是历史必然。”出海参与全球竞合，是不少中国企业发展壮大的必然选择。浩力森经过20载风雨兼程，在巩固自身实力的同时，乘“一带一路”倡议的东风，勇敢“走出去”，在全球市场的广阔大海中奋斗、成长，成就了国际市场中国表材的“新名片”，也成为中国企业与世界经济交融、交汇的生动写照。

第一，“十年磨一剑”，以创新为引领，以质量为保证，勇拓海外市场。2003年成立后，公司对前沿技术不断进行探索和创新，加速科研成果的转化与应用，多次通过行业相关组织机构的指令要求，产品获得了众多的资质认证证书和一致好评。2014年，浩力森在德国及日本进行品牌注册，成立海外事业部，打开了国门，走向了世界，涂料远销东南亚、中东及欧洲等市场。2017年，浩力森荣获上汽大众汽车零部件技术标准的全套认证，助力上汽集团参与国际竞争和海外基地经营，也成功成为伊朗车企的重要供应商。凭借创新的产品、优异的质量、良好的服务，浩力森产品不仅在国内市场站稳脚跟，还在国际市场打出了自己响亮的品牌。

第二，践行绿色环保理念，对接国际高标准行业要求，“搭船出海”。涂装行业属于高污染、高能耗的劳动密集型行业，作为一家具有社会责任感和使命感的企业，浩力森将绿色环保材料的研发作为开拓海外市场的根基，在产品配方设计、试验、制造、检验和服务的全过程中，都严格遵守国际、国家的环境法律和法规。在严格的质量管理、环境管理、职业健康安全管理体系均有利于环保要求的“绿色认证”下，公司成为多个一线主流汽车零部件制造商的合作伙伴，也成为国内第一家也是唯一同时获得德国大众、美国福特、北美通用三大主流车企合作资质的中国自主品牌涂料，打破了外资垄断局面。作为多个国际知名制造业品牌的合作伙伴，浩力森涂料成功进入世界级重大工程和场馆承建工作，让全世界见证了“中国制造”的优秀。环保的涂层配套和全方位涂装解决方案，让其成为人们美好、安全、健康生活环境的强有力保障。

第三，乘着战略机遇的东风，行稳致远，再度远航。10年来，浩力森公司抓住了时代的机遇，成为高质量共建“一带一路”的积极参与者，以高质量发展加速融入全球价值链。面对不确定性增多的外部环境和需求差异大的国际市场，公司卓越的产品质量、服务和技术是出海的前提和保障，与全球知名企业成熟的合作关系是技术领先和国际信誉的体现。为了拓展更大市场、创造更多利润，公司将更加积极地参与国际竞争合作，利用全球资源，加快布局海外市场。面对不同的经济发展阶段和产业转型升级需要，公司将更加注重与东道国企业携手共进，便于了解东道国营商环境，实现互利合作、优势互补，主动推动先进的技术出海、优质的品牌出海、稳定的产业链供应链出海；同时积极创造就业机会，为当地经济发展做出积极贡献。

面对风高浪急的国际市场，浩力森一直以饱满的信心和动力，做到了出海步伐不停歇。未来，浩力森公司“走出去”的边界必将不断拓宽，书写更多创新发展、互利共赢的新篇章，这张中国表材的“新名片”也必将更亮、更响。（**刘阿明，上海社会科学院国际问题研究所副所长、研究员**）

好企业志在四方

——康奈集团有限公司

驼铃不断，云帆点点，丝绸之路见证了熙熙攘攘，也曾尘封荒凉。2013 年，习近平首次提出共建丝绸之路经济带的构想，自此，历经千百年沧桑的丝路再次焕发出勃勃生机，“一带一路”的交响乐激情高昂。近年来，民营企业“走出去”步伐明显加快，国际化经营水平显著提高，在带动相关产品、技术、服务出口，促进国内产业转型升级，推进“一带一路”建设，助力构建新发展格局等方面都起到重要作用。民营企业具有敏锐的市场嗅觉和灵活的生产经营机制，能够快速应对瞬息万变的国际市场，在开拓国际市场方面具有独特的优势。在当前严峻的国际环境下，鼓励和支持民营企业“走出去”发展壮大，在国际竞争中大显身手，是拓展中国经济发展空间、构建新发展格局的重要途径。

对于立志全球化经营的企业来说，“走出去”是必经的一步，康奈集团创始人郑秀康认为“好企业志在四方”。康奈集团是温州鞋革行业的龙头企业，也是国内皮鞋行业的排头兵。近年来，康奈实施国内国际双循环战略，率行业之先在欧美地区开出了康奈

康奈集团全景图

品牌专卖店，成功打开欧美、东南亚与中亚市场。康奈秉承着创立世界知名品牌，“打造全球第一舒适鞋履品牌公司”的战略目标，在海外极大地提升了中国民营企业的国际地位和国际品牌形象，为众多企业诠释了中国品牌“走出去、走进去、走上去”的国际化发展之路。企业“走出去”也不是想走就走，据悉，习近平在浙江工作期间曾到过康奈，勉励康奈一定要“走出去”。康奈集团牵头组建的乌苏里斯克经贸合作区现已成为“一带一路”倡议的重要承接点与合作平台，成为俄罗斯远东地区的第一纳税大户，也是我国海外园区建设的一个典范。“一带一路”带来的全球化拓展给企业带来了“走出去”的好机遇，也反推中国企业的转型升级。康奈集团顺应大势，以科技为支点，以制造好商品为准则，以数字化赋能传统产业转型升级，朝着致力于打造全球第一舒适鞋履品牌公司的奋斗目标迈进。

康奈“走出去、走进去、走上去”的国际化品牌发展之路

1980年，郑秀康创办了鸿盛皮鞋厂，以手工作坊的方式生产皮鞋，到1987年，完成了原始资本积累。康奈成立国际贸易部，提出打造世界名牌，开始了“走出去”战略。2000年，依靠建立专卖店，康奈集团开展了国际名牌之旅，进入国际化经营阶段。第一个吃螃蟹的人总是最具勇气、最不畏艰难的，千禧年前后，欧美国家通过关税壁垒、反倾销等手段抵制中国纺织品进入其市场，更有西班牙烧鞋事件等。在此境况下，2001年1月，康奈在巴黎最繁华的商业街开设首家专卖店，康奈品牌在法国巴黎叫响。康奈在法国设品牌专卖店，这是中国鞋企在海外开的第一家品牌

康奈海外专卖店图

专卖店。"海外专卖店"使康奈品牌走向世界，实现了从"产品输出"到"品牌输出"的质的飞跃。随后，康奈在纽约、罗马等世界著名城市开出专卖店。历经几年的探索和实践，康奈现已在美国、法国、意大利、英国、哈萨克斯坦、越南等10多个国家开了专卖店和专卖柜，最高峰的时候达到200多家。康奈皮鞋在海外专卖店的男鞋零售价在80—150欧元，女鞋60—100欧元。

设计和品牌营销是鞋业产业价值链中附加值最高的环节。超强的设计能力是西班牙、意大利等高档品牌皮鞋大国能够在国际皮鞋品牌市场中占领高端市场、获得较高利润的重要原因。这些国家的品牌鞋企依托包括中国在内的发展中国家为其提供廉价的劳动力和生产成本，通过向海外转移生产基地、委托加工生产（OBM）、特许生产和销售等方式调整并控制鞋类产品的终端销售网络。康奈集团是温州少有的几家较早具有独立研发能力和海外铺设营销网络能力的知名鞋企之一。康奈处于温州整体鞋业低附加值生产环节之上，其品牌在国内拥有相当高的知名度，集团"走出去"战略是逐渐向国外高端奢侈品牌鞋企靠拢，实现产品品牌附加值的最大化。康奈集团在国际化战略目标中，以创国际名牌为主，扩大品牌专卖店的数量为辅，走出了自己的品牌文化之路。

康奈"走出去"创品牌战略成功的原因，除确保产品高品质、坚守走高端市场信念外，另一个秘诀则是借助了温籍华侨，创建了自己独特的营销网络。康奈集团利用各国的华侨资源，特别是海外温州人的人脉开设专卖店，并逐渐在欧美城市铺开，形成一定规模。海外消费者通过专卖店逐渐了解并接受产品，专卖店的成功促使商场允许康奈进场，从而使康奈的海外市场占有率、品牌影响力得到极大的提升。中国企业"走出去"最大的瓶颈就是国际化人才的缺乏，海外华人华侨是中国企业跨国经营的重要合作力量，康奈与海外温州人合作，弥补了康奈集团海外资源和人才能力不足的问题。在海外建立专卖店，康奈需要熟悉与国内迥异的法律环境和商业习惯。康奈很好地借助海外华人华侨在当地的力量，通过利益共享，建立了一套成功高效的商业模式。康奈在挑选合作伙伴上，与海外比较成功的华商公司或集团合作，通过康奈海外合资公司，负责康奈在当地的专卖建设和运营。大力发展加盟商的经营模式不仅成就了康奈在海外的发展，也使得当地华商与国内知名鞋企品牌有了合作的机会。

2023 年 4 月 29 日，康奈在新疆启动中亚战略发展，开启了康奈将“美好生活方式”从乌鲁木齐作为起点，沿着“一带一路”

康奈集团中亚战略发展

通往中亚五国的征程，标志着康奈国际化发展之路迎来一幅崭新的蓝图。康奈集团董事长郑莱毅表示，进入新时代，中国同中亚国家睦邻友好开启了新篇章，为深化中国和中亚国家的关系注入了巨大能量，使双边经贸关系更为密切。新疆当前正聚焦高质量共建“一带一路”，打造西部经济增长极和向西开放桥头堡。康奈作为中国鞋革行业领军企业，敢为人先，实施中亚战略发展，深化了与丝绸之路经济带合作伙伴的经贸合作，成为中国鞋类企业全球化发展的典范。

民营企业建设海外园区的“探路者”

2010年3月，时任国家副主席的习近平率团出访俄罗斯，考察俄罗斯乌苏里斯克经贸合作区，鼓励康奈集团把“健康发展，其奈我何”的理念带到合作区建设中。2006年，经商务部批准，温州知名鞋企康奈集团远赴俄罗斯牵头组建俄罗斯乌苏里斯克经贸合作区。该园区成为全国8个首批国家级境外经贸合作区之一，开辟了温州鞋业进入俄罗斯市场的全新通道，也标志着温州成为全国建设海外园区的“探路者”。俄罗斯乌苏里斯克是远东滨海边疆区第二大城市，与我国黑龙江省东宁市陆路相邻，距离符拉迪沃斯托克仅100千米。俄罗斯乌苏里斯克经贸合作区由康奈集团与黑龙江省吉信工贸集团、华润公司等共同出资组建，并成立了康吉国际投资有限公司，再由康奈国际负责实施园区建设和运营。该合作区占地面积228万平方米，规划建筑面积116万平方米，设有生产加工区、商务区、物流仓储区和生活服务区。对于闯荡世界的温州企业来说，俄罗斯市场是一个轻工业产品相当薄

俄罗斯乌苏里斯克经贸合作区

弱的市场，轻工产品的需求量大，只要产品进得去就不怕卖不掉。同时，随着 20 世纪 90 年代苏联解体，俄罗斯经济复苏的过程中“灰色清关”、市场关闭、封仓等事件不时出现，其特殊的市场环境给华商带来了诸多不确定因素。乌苏里斯克经贸合作区建成后，主要从事鞋类、服装、木业、彩钢建材以及电子商务等产业，有效规避了贸易壁垒，避免了“灰色清关”的风险。俄罗斯与中国的法律和人文差异较大，入驻园区不仅可以大大缩减前期投入和建厂周期，还可以享受更多税收、劳务邀请等方面的便利，为中国企业“走出去”提供了更加广阔的平台。

在“一带一路”倡议背景下，主动“走出去”高水平建设境外经贸合作区，是温州有实力的民营企业实现投资和资产重新配

康奈集团俄罗斯乌苏里斯克经贸合作区鸟瞰图

置的一个新机遇。习近平对温州创建首个国家级境外经贸合作区非常肯定，希望温州总结经验，抢抓机遇，发挥优势，加快“走出去”步伐，不但成为“本土的温州”“全国的温州”，更要发展成为“世界的温州”。他同时指出，建设境外合作区是中国政府鼓励和支持有条件的企业扩大对外投资的重要举措，是企业“走出去”的新形式。受此鼓舞，康吉国际进一步加大投资力度，在疫情发生之前，已经被俄罗斯当地政府评为远东地区第一纳税大户。经过 10 多年发展，乌苏里斯克经济贸易合作区已建成集生产、销售、办公、服务为一体的大型境外综合经贸区，成为俄罗斯最具实力的园区之一。借助其构筑的境外发展平台，温州企业的产品出口国际市场和俄罗斯产品进入中国市场都更加便利。2015 年至今，俄罗斯政府把符拉迪沃斯托克以及周边地区作为“自由港”

来打造，这为乌苏里斯克经济贸易合作区的新一轮发展提供了良好机遇，有利于康奈融入符拉迪沃斯托克“自由港”的发展战略，同时结合中国“一带一路”倡议，做大、做强、做深园区平台。

“一带一路”推进康奈数字化转型升级

“一带一路”带来的全球化拓展机遇，不仅仅是中国企业开发市场的良机，也是助力中国企业转型升级的好时机，尤其是希望成为中国鞋企加速智能制造转型升级的一剂催化剂。康奈创立了先进的“新绿”理念。康奈新绿智能工厂以“高效、节能、绿色、环保、舒适”为理念，正如春天的新芽，以科技驱动，破土而出，为行业走向数字化未来注入了新能量，在守正创新中焕发无限生机。

康奈集团以数字化赋能传统产业转型升级，通过数字化中的“智能生产、云端管理”实现智能化、精细化生产管理；通过数字化中的“大数据、云计算”将实体制造与云端网络连接，打造更智能、更高效、更可持续的商业模式。之前，新冠疫情使众多温州鞋企深受影响，而康奈却能稳步前进，主要是康奈这家老牌鞋企除了生产上稳扎稳打积累的厚实基础、管理上以人为本凝聚的齐心协力、产品上的良好口碑，特别重要的是采用了数字化转型，通过数字化研发、数字化营销、数字化定制和数字化智造，不断推进康奈集团的高质量发展，朝着致力于打造全球第一舒适鞋履品牌公司的奋斗目标迈进。

共建“一带一路”的60多个国家和地区，横跨亚洲、非洲和欧洲，孕育着广阔的市场。而不同地区的市场必然有多样化的需求结构和产品标准，差异化和定制化的制造需求不可避免。为满足这些需求，符合多变的供需动态，就不能一味地增加需求侧投资、增加产能，而应利用智能制造技术和系统、数字化研发和营销手段，追求更加柔性化的生产和销售模式。康奈的数字化转型既是响应政府的“数字中国”政策，也是顺应当前市场的变化。如今康奈产品的定位逐渐转向全球年轻群体，他们的消费偏好和习惯决定了康奈未来的研发战略、产品生产和销售方案的制定及实施。年轻群体每天花在线上消费的时间远远大于线下，康奈必须触达年轻群体，必须线上化，必须数字化转型，以符合年轻人

康奈新绿智能工厂一角

的消费习惯，及对产品个性化与定制化的需求。康奈早已开始关注数字化进程与企业战略相结合，2015 年提出打造“康奈云店”、2018 年开启“云定制商城”等。新冠疫情暴发后，康奈顺势而为，全面开启直播卖货，2020 年 5 月 28 日在淘宝的“品牌直播日”中，康奈直播触达客户超过 895 万人，高居天猫“618”大牌鞋履小时榜第一位。康奈对企业数字化转型的投入，成功将疫情带来的冲击化“危”为“机”。

康奈集团采用了以数字化研发引领数字化智造、数字化定制和数字化营销，同时拓展上下游产业链的转型策略。在数字化营销上，基于 2 800 多家国内国外品牌专卖店和康奈的大数据和算法，康奈拓展了“全渠道”的零售模式，构建起线上线下、多平台融合的营销新格局。以数字化赋能康奈商城，实现了康奈数字化全域营销，打造康奈千店千面、24 小时在线、库存共享的智慧门店，实现了产品全生命周期的运营管理和数字化全场景触达顾客，建立了自己企业的私域流量池，推动了整体运营效率的提升。在数字化研发上，一方面，康奈大力引进和培育国际化的设计人才，与意大利、法国设计师建立战略合作关系，促进国际设计师成果本土化；另一方面，以数字化研发战略为指引，构建起拥有 300 多万个脚型数据的大数据库，推出了“可以跑步的商务鞋”“走路不累的高跟鞋”“一路潮前的云朵鞋”，创新了康奈舒适度研究成果“云朵科技”。在数字化定制上，康奈率先在全国终端门店部署 3D 智能量脚仪，融合线上线下，为用户快速精准地进行个性化定制，满足不同脚型用户的需求；升级柔性制造，实现定制产品全过程智能管理，7 天到 15 天交付定制产品，开启制鞋行业规模化定制。在数字化智造上，康奈积极探索以“智慧工厂”战略引领鞋业制造领域数字化转型，引领鞋业从信息化、机器换人、智能装备向智慧工厂的迭代升级，目前，谋划了 1 500 万元的智能化车间改造项目。康奈集团制造智能化历程是康奈发展蝶变的最好见证，是康奈主动识变应变求变，进行前瞻性布局、整体性推进，在全球鞋业竞争中抢占先机的重要举措。

康奈集团以“用创新科技为人类提供极致舒适的体验”为企业使命，以“打造全球第一舒适鞋履品牌公司”为集团战略目标，秉持“国民舒适好鞋”的理念，不断创新，努力为顾客提供极致舒适的产品和服务。康奈集团引领中国鞋革行业走出了一条从手工作坊为起点到柔性化、数字化智能制造转型的发展之路，实现全球化发展的国民企业国际化道路，深度融入“一带一路”倡议，加速推进国际化战略发展进程，实施好“走出去、走进去、走上去”的国际化三步走战略。

【专家点评】

作为温州鞋革行业的龙头企业，康奈集团深度融入“一带一路”国际合作，实施国内国际双循环战略，不仅成功打开了欧美、东南亚与中亚市场，还牵头组建了乌苏里斯克经贸合作区，为“一带一路”倡议打造了具有典范意义的合作平台。康奈集团在全球化经营方面取得这些显著成效，既得益于“一带一路”倡议下中国与共建国家宽领域、多层次合作的持续拓展和深化，也是企业自身适应国际环境变化、抓住市场机遇、开拓进取的结果。

康奈集团的成功经验可以归纳为以下四点：一是打造国际品牌，努力实现品牌附加值的最大化；二是借助温籍华侨人脉资源并与海外华商公司或集团合作，高效构建海外营销网络；三是主动对接企业“走出去”战略和“一带一路”倡议，积极参与境外合作区建设；四是以数字化赋能产业转型升级，将数字化融入研发、生产和营销全流程。

其中，数字化转型这一创新举措特别值得关注。康奈通过构建集成300多万个脚型数据的大数据库，推出了“可以跑步的商务鞋”“走路不累的高跟鞋”“一路潮前的云朵鞋”等产品，通过全民部署3D智能量脚仪，精准进行个性化定制，实现满足个性化需求产品的快速交付。基于大数据和算法，康奈建立多平台融合的数字化营销网络，实现了数字化全域营销。在数字经济时代，数据成为一种重要的生产要素。康奈集团在数字化转型方面的成功实践，为其产品研发、制造、营销积累了海量数据。这些数据不仅在研发、生产、营销等各环节产生了赋能效果，还将在持续的经营活动中形成累积效应，不断扩大生产要素存量，从而进一步增大数字化转型的赋能效果。

值得一提的是，康奈集团数字化转型战略的实施，也在很大程度上受益于“一带一路”倡议。“数字丝绸之路”是“一带一路”倡议的重要组成部分。2017年5月14日，习近平在首届“一带一路”国际合作高峰论坛开幕式上正式提出通过推动大数据、云计算、智慧城市建设，连接成21世纪“数字丝绸之路”。随着“数字丝绸之路”倡议的推进，中国已同17个国家签署“数字丝绸之路”合作谅解备忘录，与30个国家签署电子商务合作谅解备忘录，与18个国家和地区签署关于加强数字经济领域投资合作的谅解备忘录。在“数字丝绸之路”合作框架下，中国帮助共建国家建设数字基础设施，实现数字化转型。从数字基础设施建设到数字产业化，再到产业数字化，“数字丝绸之路”推动共建国家搭上互联网和数字经济发展新快车。“数字丝绸之路”建设的主要项目包括对传统基建的数字化升级改造，推进包括海底光缆、5G基站等数字交通走廊建设，以及全面推进“中国—东盟信息港”“数字化中欧班列”“中阿网上丝绸之路”等项目的数据中心、云计算中心、智慧城市建设。除数字基础设施建设外，电子商务综合试验区、跨境电商综合服务平台、数字化贸易平台也是“数字丝绸之路”的建设重点。中国通过搭建高水平的信息沟通和数字合作平台，有助于弥合各国“数字鸿沟”，进而推动形成区域和全球数字经济发展新格局。

“数字丝绸之路”建设为康奈集团在共建国家的智慧定制、线上销售等经营活动提供了有力的数字基础设施和平台支持，使其在全球化经营中赢得数字化转型红利成为可能。（**刘宏松，上海交通大学国际与公共事务学院教授**）

致力于成为全球光明使者

——上海浦东电线电缆集团

一提起电线电缆，大多数人都对它感到既熟悉又陌生，熟悉的是经常能够听到，陌生的是好像又不太见得到。实际上，每一个人的工作、学习和生活都要用到电线电缆。只要用到电的时候，电线电缆作为电流传输的重要载体，就开始发挥重要作用。在国家经济发展和社会活动中，也离不开电线电缆的辅助。当前，全球各国正在向清洁能源转型，对太阳能、风能、核能等发电的需求增大，这些清洁能源项目同样需要运用到大量的电线电缆。通过电线电缆，世界被点亮了。

上海浦东电线电缆集团是一家致力于成为“全球光明使者”的企业，以“植根浦东、线连四方”为理念，专注于将电线电缆这一行业做到极致。在董事长陈余义的带领下，浦东线缆凭借强大的生产能力、过硬的产品质量、先进的技术水平、现代化的科学管理理念，已经跻身中国电线电缆行业的前列，不仅是中国大批重点项目的重要供应商，还积极投身“一带一路”建设，成为中国援外项目的重要供应商，产品在国内外市场均得到广泛的认可。

董事长　陈余义

品种最为齐全的电线电缆企业

陈余义出身于一个普通的商人家庭，他的父亲很早就在温州当地经商，这极大地影响了陈余义。他 17 岁就开始离家闯天下，与柳市人一起做起了电器生意。1989 年，海南被国务院批准为经济特区，改革开放后第一轮房地产开发在海南推开。城市建设的兴旺极大地带动了对电器的需求，对商机特别敏锐的陈余义第一时间带团来到海南准备大干一场，以“白天当老板，晚上睡地板”的精神，四处奔波、不辞辛苦，在海南省开设了最大的电器商场，一时间销售非常火爆，让陈余义获得了人生的第一桶金。在海南的成功创业不但为陈余义积累了充足的原始资金，也使他对政策的把握、对商机的判断、对销售管理的经验得到了极大的提高。不过，深谙销售之道的陈余义并没有在成功之后有所松懈，他认为，“事业要稳固必然是要向实业发展的，一味地做流通是很难做大的。没有自己的产品很大程度上就相当于为别人做嫁衣”。再三思考后，他认为国家基础设施建设正大规模推开，电线电缆作为基础材料之一，与经济建设中的各行各业都有着紧密的联系，并具有寿命长、更新换代慢、对生产技术条件的要求较低等特点。只要材料和技术到位就能生产出合格的产品，这对他来说正合适。于是，伴随着 20 世纪 90 年代初浦东开发开放，陈余义又来到了浦东川沙，正式进军电线电缆行业。1997 年和 1999 年，陈余义还结合重庆成为直辖市和国家提出西部大开发战略的契机，分别在重庆和昆明投资创办分厂。在他的带领下，企业销售业绩迅速增长。2001 年，上海浦东电线电缆有限公司正式成立。2003 年开始，在奉贤招商引资政策的吸引下，陈余义正式组建如今的上海浦东电线电缆集团。

A 厂区

目前，上海浦东电线电缆集团总部位于上海市奉贤区奉城（市级）工业园，总注册资金3.5亿元，国内外销售公司和办事处200多家，是以实业投资为主体，外向性、高科技、多元化的大型综合性集团企业，系电线电缆行业知名企业、国家火炬计划高新技术企业、国家级高新技术企业、国家火炬计划项目承担单位、国家重点新产品计划承担单位等。自创建以来，浦东线缆实施经营创新战略、人本管理战略、技术先导战略三大战略，拥有一流的人才、一流的技术、一流的设备、一流的服务，拥有“国家认可实验室、国家级企业技术中心、省级矿物质防火电缆及材料工程技术中心、院士专家工作站、技师创新工作室、工匠创新工作室”六大国家级研发试验平台，拥有专利60多项。浦东线缆用完整科学的质量管理体系，实施严格的科学管理，在作为竞争核心的材料、工艺和设备上下大功夫，已建成了颇具实力的新产品开发研究机构，技术及产品达到同行业领先主导地位。浦东线缆以先进的技术和现代化的生产及船用电缆、橡套电缆、电力电缆、

车间

预分支电缆、特种电缆、硅橡胶电缆、电子计算机电缆、特种电缆等40多个大类，100多万种规格，成为行业中品种最为齐全的企业之一，产品广泛应用于电力、煤炭、石油、化工、冶金、建筑、港口、铁道交通及城市基础设施中。目前浦东线缆每年的科研投入已达总产值的5%以上，而国内同类产业科研投入比例平均还不到2%。科研人员占总员工人数的15%，老专家、中年骨干、青年研发人员各占1/3。

2012年起，浦东线缆投资兴建了国内最大的矿物质防火电线电缆生产基地，标志着企业从传统制造向高端智造的转型发展，浦东线缆还是柔性矿物质防火电缆国家标准GB/T34926-2017主编单位，主编或参编国家行业各类标准规范30多项，并成功建立矿物质防火电线电缆工业园。2020 年，浦东线缆斥资 5 000 万元建设车间规模达 1.2 万平方米的 5G 装备专用电线电缆项目。该项目产品将面向全球供货，大量应用在 5G 基站、大数据中心、人工智能设备、工业互联网等领域。可以说，从制定矿物质防火电缆国家标准，到倡导家装防火电线的革命，深耕 5G 装备高端线缆，再到推进支持中国 2030 年“碳达峰”、2060 年“碳中和”研发引领改性聚丙烯 PP 电缆，每一步都是电线电缆行业的新高度。浦东线缆坚持技术创新，进军装修装饰市场，实现品牌渗透，渠道落地，助力企业转型升级。集团也已全面与国际接轨，通过了GJB9001C 军工质量管理体系认证、ISO9001 质量体系认证、ISO14000 环境体系认证、ISO45001 管理体系认证。得益于中国改革开放的政策红利，历经近 30 年的发展历程，浦东线缆发展成为一家集生产基地、技术研发基地和出口基地于一体的大型综合性集团企业。

“一带一路”合作项目的重要供应商

凭借卓越的品牌、过硬的质量、创新的产品和权威的认证，浦东线缆的营销网络不仅遍布全国所有的省、自治区、直辖市，还逐步形成了以上海为中心、辐射全球的网络体系，并以共建“一带一路”为契机，加快国际化进程，致力于成为全球值得信赖的“光明使者”。根据二十国集团旗下全球基础设施中心发布的《全球基础设施展望》报告，到 2040 年，全球基建项目投资需求将增至 97 万亿美元。其中，发展中国家的基建需求增长较快，电力基础设施是尤为重要的组成部分。然而，作为电力工程配套产品的电线电缆，大多数“一带一路”共建国家在技术和生产能力

车间

方面较为薄弱，对中国电线电缆的需求量较大。为此，浦东线缆紧跟国家对外援助项目，很早就进入商务部制定的对外援助成套项目主要设备材料产品行业推荐名单，成为中国基建企业在海外电力工程领域的重要供应商。

南美洲的厄瓜多尔曾经长期饱受电力供应短缺之苦，拉闸限电非常普遍，从邻国哥伦比亚进口电力的花费也很巨大。为此，浦东线缆作为供应商，参与了由中国水电集团承建的科卡科多–辛克雷（CCS）水电站项目，水电站总装机容量为 1 500 兆瓦，年发电量 88 亿千瓦·时，是厄瓜多尔最重要且最大的基础设施工程，号称厄瓜多尔的“三峡”，是厄瓜多尔历史上外资投入金额最大、规模最大的水电站项目，也是中国对外投资承建的最大水电站工程项目。水电站项目于2010年开工建设。2016年4月13日，伴随着厄瓜多尔副总统格拉斯（Glas）的一声令下——“我宣布，辛克雷电站首批机组正式投产发电”，欢快的发电机向四面八方输送出源源不断的强大电流，厄瓜多尔1/3人口的用电梦想终于实现。格拉斯副总统在致辞中感谢中国提供的帮助，表示两国虽相隔太平洋，但心灵相通有如邻居。这座水电站彻底改变了厄瓜多尔严重缺电的历史，而且让其由电力进口国变成电力出口国。水电站也为当地提供了大量的就业岗位，极大地改善了民生，并为该国清洁能源开发利用和实现电力互联互通做出积极贡献。水电站正常运转至今，可以说离不开承建方以及浦东线缆等众多中国供应商的辛勤努力。

目前，治理体系和治理能力现代化是世界各国的热点议题，也是国家走向现代化的必由之路，这就对培养一批高质量的人才队伍提出了更高的要求。对于非洲国家来说，这类人力资源更加成为稀缺资源。为此，2019年3月，南通三建承建的中国援埃塞俄比亚梅莱斯领导力学院一期项目正式开工，这是埃塞俄比亚对高级公务员进行培训的专业学院，相当于中国的国家行政学院。一期工程占地面积12万平方米，建筑总面积1.8万平方米。项目在建设过程中面临新冠疫情的局面，包括承建方南通三建、供应商浦东线缆等在内的大量企业努力克服各种不利因素，在做好疫情防控的前提下，全力推进项目有序实施，实现了疫情防控和项目实施“两手抓、两不误”。2021年6月，项目交接仪式在项目现场隆重举行。埃塞俄比亚总理阿比、副总理德梅克、前总统穆拉图、内阁成员、主要州市负责人、非洲各国驻埃塞使节，中国驻埃塞大使赵志远、参赞杨依杭等使馆工作人员、施工单位南通三建的相关人员等各界代表共计400余人出席移交仪式。阿比总理诚挚感谢中国政府和中方团队援建了品质一流的领导力学院，并向中方颁发致谢奖牌，称赞中方精益求精，打造智慧样板工程，希望未来在此接受培训的学员发扬中方勤奋、上进的精神，成为富有智慧的领导者。可以说，浦东线缆作为电线和电缆的供应商，对于学院的建设和运营起到了重要的保障作用，将助益两国人力资源领域合作的深化，也将助益其成为埃塞俄比亚乃至整个非洲培训高级政府官员的“摇篮”。

2021 年 7 月 1 日，由中建西南院和中建西南咨询组建联合体承接的、由浦东线缆作为重要供应商的援贝宁体育场维修项目在各参建方的共同努力下，正式完成对外移交，并通过国际田联、

矿物质防火电缆组合

非洲足联、国际足联的认证，体育场达到承办大型重要赛事条件。该体育场1976年由中国政府无偿援助，位于贝宁共和国科托努市，为贝宁规模最大的体育场，建筑面积23 015平方米，含400米塑胶田径跑道和足球比赛草地，看台可容纳3万名观众。浦东线缆作为供应商，以优质和创新的产品为体育场的电力供应提供了坚强保障。驻贝宁大使彭惊涛在移交仪式上表示，在中国共产党百年华诞之日组织体育场维修项目交接仪式，是中贝双方对中国共产党生日的致敬，也是中方继续巩固和发展两国友好合作关系、支持贝宁实现腾飞梦想的承诺。项目移交一周后的7月10日就举办了非洲足球冠军联赛决赛。这是非洲足联首次选择撒哈拉以南非洲国家体育场举办非洲冠军联赛决赛，是贝宁承办大型体育赛事的里程碑。

除此之外，浦东线缆作为供应商还参与了其他“一带一路”重大项目，包括巴基斯坦瓜达尔新国际机场和拉合尔轨道交通橙线项目、刚果（金）金沙萨中部非洲国家文化艺术中心和加丹加省综合医院项目、埃塞俄比亚河岸绿色发展项目、缅甸国家艺术剧院维修改造项目、佛得角大学新校区项目、科特迪瓦精英学校项目、赞比亚利维·姆瓦内瓦萨医院项目、多哥议会大厦项目等，已向东亚、南亚、中东、南美、非洲等20多个国家和地区出口电线电缆。与此同时，近年来，浦东线缆也在全球寻找比较好的投资机会和投资目的地，在保持稳健的基础上尝试开展对外投资。借助在标准和产品认证上的契合度以及依托当地良好的合作伙伴，集团正计划在菲律宾投资建厂，以期为菲律宾国内电力供应以及东南亚的互联互通贡献自己的一份力量。

电线电缆对于每个人的生活和国家经济社会的发展是不可或缺的，也在国家实施科技强国战略中发挥着重要的支撑作用。对此，中国需要更多“小巨人”企业推动国内电力供应和传输的高效和安全，促进清洁能源转型的顺利展开。浦东线缆也将继续以优异的品质、良好的口碑、高技术的产品服务于国内市场，并且紧随“一带一路”倡议，始终秉承一流素质，树立一流形象，不断开拓国际市场新征程，成为“一带一路”共建国家经济社会发展的重要伙伴。陈余义的目标就是奋力将上海浦东电线电缆集团打造成为世界一流的电线电缆制造商。可以说，这一目标也展现出浦东线缆的全球价值和世界情怀。

【专家点评】

作为我国经济建设重要的配套产业，电线电缆行业的应用范围十分广泛，涉及电力、建筑、通信等多个下游行业。目前我国已成为世界电线电缆制造和出口大国，其行业发展也趋于成熟。上海浦东电线电缆集团作为行业领军企业之一，以“植根浦东、线连四方”为理念，在扎实建设国家基础设施的同时创新技术，积极参与共建“一带一路”，并致力于成为“全球光明使者”。浦东线缆20余年的发展体现了该企业从传统制造到高端智造再到国际企业的渐进式发展路径。其中的启示有：

首先，扎根实业，响应国家战略需求，服务国家基础设施建设。在董事长陈余义的带领下，浦东线缆由销售转型实业，顺应时代发展需求由小做大，成为品种最为齐全的电线电缆头部企业。从其初始发展历程来看，一方面，浦东线缆始终坚持投资实业，稳固根基。其生产的产品已经涉及矿用电缆、船用电缆、橡套电缆、电力电缆、预分支电缆、特种电缆、硅橡胶电缆、电子计算机电缆、特种电缆等40多个大类，100多万种规格，成为行业中品种最为齐全的企业之一。实体经济是国家经济发展的根基。实体企业适度发展虚拟经济可以发挥“蓄水池”效应，但过度“脱实向虚”就会导致泡沫问题，增大财务风险，进而导致资金链断裂的可能性提高。近年来，许多被摘牌的上市企业都存在未能平衡实体经济与虚拟经济的问题，浦东线缆在这方面表现良好，稳扎稳打将企业做大做强。另一方面，顺应国家政策导向，将公司战略融入时代发展需求。浦东线缆从起步阶段就顺应国家发展战略布局，对政策的把握和商机的判断较为精准。一开始企业的根据地在浦东川沙，借助20世纪90年代初浦东开发开放时期的东风顺利进军电线电缆行业，随后结合西部大开发战略契机分别在重庆和昆明投资办厂并实现了销售额的快速增长，由初创企业成果着陆并组建了如今的上海浦东电线电缆集团，其产品广泛应用于电力、煤炭、石油、化工、冶金、建筑、港口、铁道交通及城市基础设施，助力地区发展。近年来，浦东线缆更是积极响应和践行新发展理念，推进支持中国2030年“碳达峰”，进行2060年“碳中和”研发引领改性聚丙烯PP电缆，与国家战略同频共振。

其次，技术先导，实施经营创新战略，向高端智造业转型发展。相较于过度“脱实向虚”投资金融行业的大型集团，浦东线缆更加注重研发创新和多元发展。自创建以来，浦东线缆就实施经营创新战略、人本管理战略、技术先导战略三大战略，不断优化企业核心产品的技术，包括电缆材料、制作工艺和制造设备等。与其他同类产业科研投入相比，浦东线缆每年的科研投入已达总产值的5%以上，超过同类产业的2倍。目前已拥有国家认可试验室、省级矿物质防火电缆及材料工程技术中心、院士专家工作站等六大国家级研发试验平台，相关技术和产品达到同行业领先地位。值得一提的是，虽然作为基础材料的电线电缆只要材料和技术到位就能生产出合格的产品，并具有寿命长、更新换代慢、对生产技术条件的要求较低等特点，但浦东线缆从未停止创新的步伐，

2012年起建立了中国最大的矿物质防火电线电缆生产基地，正式向高端智造业转型发展。除基础产业外，开始进军装修装饰市场、5G基站、大数据中心、人工智能设备、工业互联网等领域，不断扩大品牌影响力。此外，基于其行业领先的地位，浦东线缆还主编和参编各类行业标准规范的制定，向外输出自身生产模式和规则，逐步发展成为国家重点高新技术企业和“小巨人”企业。

最后，辐射全球，投身“一带一路”建设，参与全球治理，加快国际化进程。凭借卓越的品牌、过硬的质量、创新的产品和权威的认证，浦东线缆走向世界，形成了以上海为中心、辐射全球的网络体系。浦东线缆在与国际接轨的同时，也积极参与共建“一带一路”，致力成为全球“光明使者”。一方面，浦东线缆参与了多项国家对外援助大型项目，是中国基建企业在海外电力工程中的重要供应商。浦东线缆的产品出口至东亚、南亚、中东、南美、非洲等20多个国家和地区，为这些国家的电力互联互通做出了重要贡献，在改善民生的同时也推进了其清洁能源开发和利用。另一方面，除基建外，浦东线缆也积极参与全球治理合作项目。作为电线电缆供应商，参与中国援埃塞俄比亚梅莱斯领导力学院、中国援贝宁体育场维修等多个公益项目，成为“一带一路”共建国家经济社会发展的重要伙伴。未来，在不断开拓国际市场新征程的过程中，浦东线缆也应进一步展现深厚的价值底蕴和广阔的世界情怀，向世界展示不断进步的一流中国企业形象。（**丁纯，复旦大学欧洲问题研究中心主任、“一带一路”及全球治理研究院副院长**）

“一带一路”上的中俄民企典范

——俄罗斯鑫尔泰集团

俄罗斯是中国最大邻国，也是横跨欧亚的世界大国。自中国倡议的“一带一路”共建与俄罗斯主导的欧亚经济联盟建设对接以来，中、俄两国在各个领域的合作取得了一系列新成就，合作的前景也越来越广。俄罗斯鑫尔泰集团从20世纪90年代的积极响应“走出去”发展战略到深度参与“一带一路”建设，凭借温州人“敢为天下先”的精神，两代人深耕于中俄民间贸易近30年，励志打造“一带一路”上的中俄民企典范。

子承父业践行“一带一路”先行标兵

蔡一航是“四千精神”新时代温商青年，既传承了老一辈温商不畏艰苦、脚踏实地的拼搏精神，更具备与时俱进、不忘初心的创新精神。蔡一航的父亲是温籍知名侨领、俄罗斯浙江华侨华

俄罗斯鑫尔泰集团的蔡氏父子

人联合会会长蔡建林。2010 年，22 岁的蔡一航大学毕业后，接过父亲的接力棒，把新时代温商青年创新创业精神发扬到极致，陆续参与筹建中俄首个国家级境外工业区——乌苏里斯克经贸合作区招商建设、俄罗斯远东温州商会成立、俄罗斯鑫尔泰集团组建和海外总部回归项目落地等。

1997 年，蔡一航的父亲蔡建林就开始从事中俄贸易，将温州鞋卖到俄罗斯去。当时的俄罗斯轻工业几乎一片空白，温州鞋出口到俄罗斯很受欢迎，供不应求，在国内批发卖 20 多元的鞋子，到了俄罗斯批发价折合人民币近 80 元，零售价能卖到 200 多元。在一次遭遇“灰色清关”事件后，蔡建林发现，如果把“made in China”改为“made in Russia”，除了免去“灰色清关”的烦恼，不仅有更大利润，还能拓展俄罗斯人对品牌的认可度。按照当时俄罗斯的关税计算规则，在中国国内做好成品运到俄罗斯卖，是论件数收关税，而同样数量产品的半成品运到俄罗斯，则是论重量收关税，粗略算下来一双鞋的成本就相差 2 美元。蔡建林抓住这一商机，实现快速融入需求旺盛的俄罗斯市场。当时，直接在俄罗斯办工厂实属空白。注册俄罗斯商标并在俄罗斯各大市场开批发连锁店，这在当时的俄罗斯华人商贸圈无疑是惊人之举，蔡建林是第一个吃螃蟹的人。这个理念与康奈集团后来在俄罗斯远东乌苏里斯克设立经贸合作区的初衷不谋而合，一批温州本土龙头鞋企，也在深刻反思中重新出发，开启了温州鞋履出口俄罗斯市场之路。2006 年，黑龙江吉信集团、康奈集团、温州华润公司组建了康吉国际投资有限公司，俄罗斯鑫尔泰集团率先将旗下三家企业入驻到乌苏里斯克经贸合作园区，很快温州近 30 家制鞋、针织、箱包等企业到园区落户，抱团出海，取长补短，发挥了行业集群效应。

海外温商企业在俄罗斯投资的最为明显的特点就是抱团，抱

乌苏里斯克经贸合作区

团可以让单家企业难以解决的问题，由多家企业共同承担。例如，前期许多温商的制鞋机器一旦坏了就很难修，因为附近找不到配件，要停工好多天，后来抱团的鞋厂多了，大家都购买统一的机器，谁家机器坏了配件可以互相周转借用。因为采购量大，制鞋机器的厂家派了售后专员对接服务，让售后维修不再成为问题。蔡一航就在这样的温商企业家庭中长大，耳濡目染地见证了父辈们在俄罗斯的艰辛打拼史。在开始几年参与父亲事业期间，蔡一航亲历了父辈们创业的种种艰辛与不易，同时也深刻领悟到了温州人闯荡天下、四海为家的开拓精神，为自己接下去的人生事业指明了方向。

2010 年 3 月 20 日，时任中央政治局常委、国家副主席的习近平首次以党和国家领导人双重身份访问俄罗斯，第一站抵达俄罗斯远东符拉迪沃斯托克，习近平将这一站作为此次访俄的一个亮点，也在于要为中俄毗邻地区互利合作鼓劲加油。在加强中俄地方合作为主题的座谈会（暨中俄乌苏里斯克经贸合作区汇报会）听取了包括集团董事长蔡建林在内的多位温州代表发言后，习近平勉励温州要总结经验，抢抓机遇，发挥优势，加快“走出去”的步伐，不但要成为本土的温州、全国的温州，还要发展成为世界的温州，并寄语在俄罗斯远东创业的温州企业家们要“坚定信心，全力推进；互利双赢，共同发展；守法经营，回馈社会，找到一条适合自己的走出去路子”。

党和国家领导人对中俄毗邻地区互利合作的关怀与激励，极大增强了海外温商的使命感和责任感。基于这样的时代背景，为了应对异国变化莫测的市场环境和政治风险，2010 年 12 月，俄罗斯远东地区温州商会在符拉迪沃斯托克成立，给抱团的温商提供了一艘“救生艇”，蔡建林被推选为会长。蔡一航在协助父亲打理商会期间，越来越意识到法务的重要性，利用第二代青年温商的知识优势，联合多名温商共同成立了俄罗斯“一带一路”商务法律中心，专门为中国企业提供各类涉外投资的法律服务。同时，在莫斯科工业大楼设立了办公室，紧密联系俄罗斯工商联合会与中国驻俄使领馆，为当地温企发展提供了有关经济、海关、投资等方面的大量信息，提醒企业规避潜在风险，共同维护在俄温商利益。

蔡一航协助父亲管理企业日常生产事务，两代人逐步摸索并首创中俄跨国连锁加工模式，为国内民营鞋企赴俄罗斯投资办厂提供了借鉴范本。2013 年，蔡一航联合数名温商抱团斥资 500 万美元成立俄罗斯远东首家彩印包装厂——俄罗斯东方彩印包装厂，目的是为当地聚集的中国鞋厂提供一个统一的包装平台。此举改变了当地鞋厂包装成本高、运输时间长的局面，结束了俄罗斯远东地区无大型彩印包装成套设备的历史。

创新升级，打造国内国外双联动的跨境电商平台

俄罗斯华商在20世纪90年代初是背包经营，也称为“灰色区域”经营，进入新时代以后，俄罗斯华商面临转型期，需要提升自身的经营理念，改变思路，创新升级，改变传统的小经营模式，注重人才培养，以赶上“一带一路”的市场需求。创新升级是摆在华侨华人面前的新课题，要把代表中国形象的、有自己特色和竞争力的，并且符合俄罗斯市场的产品推出去，把好的经营管理理念带进来，让俄罗斯的民众真正能感受到中国资本和中国元素带来的进步。2013年，国内电商蓬勃发展时期，俄罗斯本土电商平台还是一片空白。蔡一航的大学专业是软件工程，与很多华商相比，他对电商平台的想法和思路更清晰。他多次向集团提议，到线下去，更要回到线上来。

俄罗斯是“一带一路”建设的重要参与者和重要合作伙伴，市场潜力巨大。鑫尔泰集团作为最早赴俄投资发展的企业之一，必须抓住这一历史机遇，积极参与“一带一路”建设布局，利用国内市场的优质资源服务国外市场，助推企业转型升级。2015年，蔡一航被委派回国负责筹建鑫尔泰国内总部鞋类研发生产基地，并对其进行全面改组，深化企业内部机制。得益于温州良好的营商环境、“最多跑一次”改革成效以及团队成员的共同努力，该项目在短短两年内快速落成，为在俄罗斯拓展电商业务做进一步资源整合提供国内平台。

鑫尔泰集团是俄罗斯华商企业中最早尝试电商平台建设的“吃螃蟹的人”。俄罗斯电商平台建设有很多硬伤——边境线很长、物流产业滞后、网速慢。如果你坐了西伯利亚大铁路绿皮火车就能体会到国内动车、高铁的神速。结合俄罗斯物流状况，经过多

次战略调整，借鉴苏宁易购实体门店和线上官网，其采用线上下单，可以直接到门店提货，而且门店价格更实惠。减掉物流费用，顾客受益不少。到2025年，莫斯科、叶卡捷琳堡、新西伯利亚、符拉迪沃斯托克等俄罗斯主要城市11家门店已全部接轨，规划5年，铺设100家门店。线上线下同步，既节约了物流成本，也提高了货物到顾客手中的速度。蔡一航从杭州考察后，将国内流量带货的理念与俄罗斯社交平台VK接轨，中国年轻人喜欢的俄罗斯的年轻人也会喜欢。鑫尔泰集团摸索出了营销网络内外双联动，依托国内市场的优质资源助推海外产品的升级换代，业务飞速拓展，实现“海外工厂+电商兼直播”的模式，入驻俄罗斯电商巨头OZON、WB、速卖通、QIFA跨境电商平台等，境外设有四大区经销分公司、20余家大型批发连锁店，辐射俄罗斯全境重要城市及乌克兰、白俄罗斯等。至此，鑫尔泰集团已实现传统企业向“互联网+”转型升级，并在俄电商销售企业排行榜中位居前列。

助推中欧班列，助力在俄温商回归

2018年，浙江省出台对外开放新举措：支持温州建设世界华商综合发展试验区。为积极响应家乡温州市委、市政府海外温商回归的战略部署，蔡一航认为中俄物流可以作为一个很好的切入点，这与父亲蔡建林的想法一致。在此期间，他们积极开展调研形成报告，并提交温州市政府，相继提出“义新欧物流大联盟对华商回归的重要性”，关于开行“温州—莫斯科”中欧班列的建议等，得到省委主要领导的点赞和认可。联合多名在俄华商成立温州聚鑫供应链管理有限公司（“义新欧”中欧班列一级货运代理商），助力“义新欧”中欧班列。2021年11月9日，在蔡氏父子的不懈努力下，成功促成“义新欧班列温州号特色专列”从温州始发，改变了以往温州出口货物需在金华南站拼箱的“小车转大车”模式，打破了温州外贸企业出口基本以海运为主的单一物流方式，有效缓解温州外贸企业出口难点，推进了温州与“一带一路”共建国家和地区的经贸往来。2023年7月，借助中共浙江省委提出的地瓜经济提能升级“一号开放工程”的东风，蔡氏父子积极落地中欧班列+温州（瑞安）国家物流枢纽项目，企业与瑞安市政府签约项目建设，该项目于2024年底正式投入使用。

义新欧班列温州号特色专列

解燃眉之急，搭建中俄贸易金融桥梁

2022 年俄乌冲突爆发后，西方国家对俄制裁手段层出不穷，在经济、金融、能源和科技领域进行全面封锁，中国作为俄罗斯最大的贸易伙伴国，深受影响。据海关总署报告，2024 年 1—9 月份中俄贸易仅仅同比增长 2%，究其原因，中俄贸易因受欧美制裁导致俄罗斯大部分银行被排除 SWIFT 系统无法进行跨境汇款，而我们国内的多家银行也出于各种原因拒收来自俄罗斯的汇款，这导致温州很多对俄出口企业资金受到很大制约，企业无法正常收款，出现经营困难，这对温州市对俄出口企业造成巨大困扰，也导致很多企业因长期收不到货款而不得不去贷款维持企业日常运转。为了应对这一风险，蔡一航与父亲决定搭建中俄贸易地方结算平台。

2024 年 5 月 16 日，俄罗斯总统普京访华，同中国国家主席习近平共同签署并发表关于深化中俄新时代全面战略协作伙伴关系的联合声明，声明中特别提到（中俄结算困局）：提升双边贸易、融资和其他经济活动中的本币份额；完善两国金融基础设施，畅通两国间经营主体结算渠道。

2024 年 8 月，在拜访中国驻俄大使馆后得知允许开辟多元化的结算渠道后，蔡氏父子便着手开始搭建这一平台。蔡一航相信，这一结算平台能够让温州的一些对俄外贸企业及时顺利地处理两国间的贸易结算问题。

经过蔡一航及俄罗斯浙江华侨华人联合总会与市政府的沟通努力，11 月 11 日，地方国企与省国企、俄罗斯浙江总会联合成立温州首家“国企控股 + 市场化运营”的外贸综合服务平台（中俄贸易地方结算平台），以市国企公司为主体，省企和商会联合运营，为外贸企业提供通关、收汇、退税、信保、物流等一站式综合服务，帮助中小微企业搭建报关捷径、规范退税程序、减少人工成本，助力企业“便利出海”“无忧出海”。

致力共富，热心公益不遗余力

多年来，蔡氏父子一直致力于将产业回归，带动家乡发展，助力共同富裕。2015 年 3 月，蔡氏父子代表俄罗斯远东温州商会与温州市政府签订项目回归协议，鑫尔泰集团陆续在国内落地物流公司（温州聚鑫）、鞋类研发生产总部（鑫尔泰鞋业）、国际贸易（鑫通国际）、汽摩配出口（浙江加鑫）、跨境电商（维申特科技）等诸多项目，带动劳动就业数千人，累计纳税超过 1 亿元，带动外贸出口数亿元，以实际行动助力共同富裕。同时积极参与社会各项公益事业，如参与互联网 + 教育公益项目（互 + 计划），助力国家教育精准扶贫。每年向瑞安公安民警救助基金会、侨爱红十字会进行捐赠，对贫困助学、修桥铺路等慈善事业不遗余力。疫情初期，他们联合海外华商从海外采购价值 30 余万元的医疗物资驰援家乡，历年来累计捐款达 500 多万元。在海外，集团多年来通过不同渠道向俄罗斯慈善基金会、俄罗斯孤儿院福利院、俄罗斯老兵协会（曾在中国参加过抗日战争的组织）等有困难的群体捐款捐物，树立海外华人的正面良好形象，累计捐款达 20 余万美元。

谈及未来发展，作为一名侨二代、“四千精神”新时代温商青年，蔡一航在俄罗斯海外青年华侨中具备一定的号召力和凝聚力，致力于团结起海外侨二代共同力量为祖国、为家乡谋发展。通过

慰问山区留守儿童

参与、举办各类公益活动，团结起一切支持国家和平统一的力量，为祖国和平统一事业做出贡献。蔡一航坚信个人梦想必须与祖国紧密相连，只有祖国日益强大，在海外的华人华侨才能挺直腰板大展宏图。

在蔡氏父子的共同努力下，俄罗斯鑫尔泰集团仍将聚焦实业，着重开发创新，以一流的服务、科学的管理模式为企业重任，致力于将物美价廉的中国制造源源不断供应给民需匮乏的俄罗斯及中亚各国，力争做“一带一路”中俄民企典范，为中俄民间贸易贡献积极力量。

【专家点评】

近年来，中俄关系已成为互信程度高、协作水平高、战略价值高的大国关系典范。在全球经济萎靡和俄乌冲突叠加的影响下，全球化的红利正逐渐消亡。各国的贸易“防火墙”和产业“隔离带”急剧增加，保护主义和阵营化成为世界发展的拦道虎。而中俄关系已然成为大国关系的典范，中俄贸易也成为俄罗斯摆脱经济困境、技术封锁的核心抓手。中国的企业、资金、技术对俄罗斯的输出可以填补美欧离场以及与俄罗斯“全链脱钩”造成的真空。

同时以浙江温州企业为代表的民营企业不断深挖“一带一路”的投资红利，积极响应“走出去”发展战略，凭借温州人的生意经和开拓精神，深耕于中俄民间贸易近几十年，成为“一带一路”上的中俄民企发展的典范。

第一，温州民营企业坚持服务于国家外交的大政策，在历经百年未有之大变局，中国外交仍坚持构建总体稳定、均衡发展的大国关系框架，在全方位推进中俄新时代全面战略协作伙伴关系的同时，采用政府搭台、企业唱戏、市场运作的原则，深挖中国与俄罗斯经贸投资合作。以温州企业俄罗斯鑫尔泰集团为例，从20世纪90年代起深耕于中俄民间贸易近30年，成为中俄经贸的风向标。从企业的海外发展战略中，可以深刻领悟温州人“闯荡天下、四海为家”的开拓精神，为中俄世代友好及民间友谊奠定了基础。

第二，民营企业是对外贸易的先行军和“一带一路”倡议的模范生。民营经济是浙江经济的最大特色和基本底色，在浙江从外贸大省向开放大省的历史性跃进并逐步形成开放型经济体制过程中，发挥了不可替代的重要作用。而走向海外的民营企业则彰显了企业在国家的引导下，在经济全球化中抢占先机、赢得主动。正是这批较早进入俄罗斯市场的浙江企业充分利用国内国际两种资源、两个市场，广泛开展国际经贸交流合作，积极创新国际贸易新模式，构建形成了前所未有的“买全球、卖全球”的国际贸易营销网络，也为浙江全省对外贸易起到了“稳定器”的作用。2023年，浙江参与共建“一带一路”成效显著，其中对“一带一路”共建国家和地区进出口2.55万亿元，增长8.2%，占浙江进出口总额的52.1%。民企助力打造的“浙江制造”品牌，不断拓展企业销售市场，也进一步推动了像俄罗斯这样的经济体稳步发展。

第三，民营企业是“一带一路”倡议中“走出去”的“排头兵”。秉持浙商的“四千精神”，依托国内强大的特色产业集群，遵循市场化原则，主动参与国际产能合作，以鑫尔泰集团为代表的一批民营企业在融入国际化发展、参与“一带一路”建设中延伸藤蔓、拓展空间、加快发展，民营企业利用资本灵活的优势，加强多线投入和循环投放的模式，深挖浙江民企品牌。至2023年，浙江海外投资备案额达168亿美元，民营企业占比达95%。

据相关统计，2020—2022年，中国参与共建“一带一路”的民营企业500强中，浙江省企业数量连续三年保持全国第一，均占1/4以上。浙江民企成为响当当的企业“走出去”的“排头兵”。

第四，民营企业不断开发和利用互联网的平台，输出先进的技术和理念，是不断为周边国家改造基础设施及提升贸易便捷度的“前沿代表”。民营企业在海外着力增强网络的实效性，为企业开辟更广阔的国际市场空间。众所周知，俄罗斯电商平台建设有许多障碍，边境线很长，物流产业滞后，网速又慢。浙江企业鑫尔泰集团充分结合俄罗斯物流状况，经过多次战略调整，借鉴国内网络平台的海外门店和线上官网，不断在俄罗斯主要城市立足，提升了俄罗斯互联互通的能力和新产业模式的先导性。

当前国际经贸进入了新的历史发展阶段，出现了多方面的新情况新问题，存在诸多不确定因素，面临极大的新挑战。广大浙江民营企业坚持在海外耕耘，不断打造典型案例和标杆应用，形成贸促服务新业务、新模式、新场景。在新的时期和新的发展阶段，广大浙商利用高水平对外开放体制机制，勇毅前行，稳扎稳打，纵深推进国际经贸合作，不断续写国际化发展提质跃升的新篇章。（**李立凡，中国国际经济交流中心上海分中心交流部主任**）

从“走出去”到“引进来”的“风云浙商”

——平湖·国际进口商品城

温州作为我国改革开放先行区、市场经济的发祥地，自古以来就是海上丝绸之路的重要节点。改革开放以来，勤劳勇敢的温州人凭着“敢为天下先，特别能创业”的精神，纷纷走出温州、走出中国、走向世界，商行天下、智行天下、善行天下，助推当地发展，积累了雄厚资本，汇聚了合作信息，融合了灿烂文化，为“一带一路”纵深推进架起了民心相通的桥梁。与此同时，“一带一路”是一条合作共赢之路。奋力奔跑在“一带一路”共建国家的温商不但“走出去”开拓国际市场，同样将国外的优秀商品、技术和理念等“引进来”，促进海外温商与国内本土深化对接合作、内外互动发展，实现人才回归、资金回归、贸易回归。

平湖·国际进口商品城董事长温籍华商陈坚是“走出去”的先行者，是浙商回归的引领者，也是双循环经济的践行者。30年前他把“中国制造”销往葡萄牙，在葡萄牙建立了一个又一个“中国城”。30年后，他回国报效桑梓，在家乡浙江造起了一座平湖·国际进口商品城。随着“一带一路”倡议的深化，陈坚正在法国里尔建造一座第三代中西合璧大型专业市场——“一带一路”浙商产业园，将中国的文化艺术、优势产业商品和商业机会带到法国。

从温州走向世界

位于上海张江长三角科技城平湖园区的平湖·国际进口商品城是由葡萄牙华侨陈坚于 2009 年回国创办的浙江省浙商回归重点项目，也是浙江省服务业重点项目、省重点建设项目；是省侨联认定的首批“浙江省侨联桥界创新创业基地——侨贸园”、第三批“浙江省华侨国际文化交流基地”，也是平湖市新桥双创学院所在地。平湖·国际进口商品城董事长陈坚是葡萄牙“中国城”集团

平湖·国际进口商品城

董事长、葡萄牙华人企业联合会执行主席、中国百货商业协会进口商分会会长、2011 年度“风云浙商”、2020 年浙江省侨界“十杰”、首届全球金奖浙商、嘉兴市侨联兼职副主席、平湖市新侨双创学院海创导师等。

平湖 · 国际进口商品城董事长陈坚出国前，在温州不仅有一份银行的体面工作，还通过发明宝宝纪念币赚到了人生的第一桶金。面对三十而立的压力，陈坚选择了走出当时的舒适区，走向世界，一切从零开始。1992 年，辗转来到葡萄牙的陈坚发现当地的商品流通领域被印度人垄断。“那么多的中国商品，那么大空间的市场，怎么没有中国人做?”陈坚意识到，机会来了。为了熟悉市场，陈坚从细微处开始，跟着葡萄牙人跑集市，看当地人喜欢中国的哪些东西。他相信，华人应该在这里占据一席之地。回忆起那段时光，陈坚依然觉得很快乐。“当时每个城市都有一天时间可以让大家自由摆摊做买卖，大多是与生活相关的服装、小电器，交一点管理费就行了。”就这样，每个星期可以摆摊的那天上午，陈坚拉着从印度人手里买来的货物，带上小桌子，坐着公共汽车从一个城市转移到另一个城市，摆摊做起买卖。刚开始，陈坚卖的大多是手表、闹钟、打火机之类的东西，因为葡萄牙人很喜欢。为了压低成本，陈坚不断搜寻更好的进货渠道。稍微积累了一点资金后，他买了辆汽车，一周两次跑西班牙华伦西亚进货，因为那边的批发市场更大，产品更丰富。虽然路途遥远，但是他累了就在路边停一下休息，从没住过酒店。他几乎每天都在奔波，没有休息过一天。就这样，他靠摆摊，赚取了在欧洲奋斗的第一桶金，这为他实现心中更大的目标打下了基础。此后，陈坚从跑集市摆摊，逐渐过渡到依靠家乡温州这个浙江著名的轻工业产品制造和流通基地，试水国际贸易和批发业务。

1993 年到 2000 年期间，陈坚的外贸生意越做越大，并在葡萄牙北部开办了第一家中国人的进出口商贸公司，开始涉足专业市场。随着葡萄牙对居留条件的放松，法国、德国等欧洲其他国家的华人涌入葡萄牙，带去了更多的人气和资金，其中不少人都投入了贸易批发行业。陈坚在里斯本市中心创建了葡萄牙第一个“中国城”，轰动葡萄牙商界，时任里斯本市长等政府官员也出席开幕仪式。陈坚以他独特的眼光和理念，带领华人展开批发业务，经过几年的激烈竞争，逐渐站稳了脚跟，华人批发生意进入了“黄金时代”，华商的财富也是从那时候开始积累。2002 年，陈坚又在里斯本郊区建成了一个“中国城”，那是他事业的另一个高峰。这再次推动华人向日用百货批发业领域发展，同时也带动了零售业的成长，华人开办的“三百店”（店里有 300 种售卖货品的意思，即杂货小店）遍地开花。而原来被印度人垄断的“货行”的店铺，纷纷易手转给了华人。当时的华人百货业在发展过程中刚刚遇上中国的制造业飞速发展，而陈坚等华人企业家凭着睿智的商业头脑、灵敏的经营触角把住了时代的脉搏，在中国制造业的支持下，大量的中国制造产品运抵欧洲，最繁忙的时候一家公司一年可以有一百多个货柜到达葡萄牙，为众多的华人小店老板提供货源。陈坚先后在葡萄牙建立了多个华人批发商城，这些商城都有一个共同的名字——中国城。随着华商进一步在整个欧洲地区掀起“中国城”之风，“中国城”从此遍布欧洲大陆。

每一个时代都有每一个时代的弄潮儿，而每一个弄潮儿背后都有一段艰辛的经历。陈坚在创业过程中，从漂泊异国到选择葡萄牙为落脚点，从语言不通到与当地政府多方合作，从一个小批发点发展到一座一座批发商城，从单独的个体创业到带领大众创业，实际行动要比嘴上的规划难行千万倍，他硬是克服常人难以克服的困难，一步一步走到现在。不同国家的法律制度和经营规则都不同，这是中国人在海外创业最难融合的地方。陈坚在做大事业的过程中，除了依靠同胞的力量，也有意识地聘请当地高管和员工，使企业得以更快地融入当地的轨道和环境。

为了响应“一带一路”倡议，陈坚目前正在法国里尔建造一座占地800公顷的第三代中西合璧大型专业市场——“一带一路”浙商产业园，意在将亚洲，尤其是中国的文化艺术、优势产业商品和商业机会带到法国，立足莫伯日，辐射欧洲，增强中法文化交流，做大做好中法贸易，实现互惠双赢。与此同时，依托浙江数字经济引领未来专业市场，再次将中国商品、中国文化、浙江的服务贸易带到国外，推动中国更多企业参与更高层面的国际合作。

把世界“搬”回浙江

我心归处，是安然。陈坚一心想归国反哺，因此在全国各地看了好几年的项目。2009年，随着中国经济的快速发展，特别是中欧贸易交流的深度拓展，陈坚受平湖市政府之邀回国投资，助力浙江发展。陈坚一手创建了平湖·国际进口商品城，唱响了“双城记”。在2011年“风云浙商”颁奖典礼上，主持人白岩松问陈坚为什么选择回国创业，还带着葡萄酒回来，陈坚半开玩笑地回答说：“父亲作为‘包产到户’推动者和实践者，当时最朴素的愿望就是想让农民吃好，现在我回国就是想让全中国人都喝好。我不但要把国内好的产品带到国外，还要把国外好的产品带回中国来。”

如今，这座葡萄酒交易城早已发展演变为平湖·国际进口商品城，一个以进口商品专业批发市场为核心，集德国、意大利、

平湖·国际进口商品城全景

法国、希腊等多国风情小镇和艺术文化长廊、七星级高迪艺术酒店、展销中心、高档智能住宅于一体的休闲、旅游、购物、艺术、博览新型商业综合体，成为平湖一张靓丽的名片。进口贸易核心板块围绕“直采世界各地好物，优质生活无国界”的目标，已与全世界五大洲几十个国家建立贸易合作关系，涵盖进口食品、日用品、品牌服饰、工艺品、家具、家居用品以及跨境电商商品（美容彩妆、保健品、母婴类、品牌服饰等）近 3 万个品项。许多直采商品零售价，甚至低于国外当地零售价，实现了“直采世界各地好物，优质生活无国界”的目标，为中国百姓带来“纯、全、惠”的商品，做到了大众消费，高端享受。新冠疫情之下，全球供应链受阻，境内外运输存在困难，进口商品城另辟蹊径，通过第三方贸易公司采购进口商品。旅游观光核心板块深入挖掘“东方地中海”的文化内涵，全面提升区内景观、环境和服务质量，建有酒店配套，不断丰富旅游产品和游客体验，已通过国家 3A 级旅游景区评定，并且被浙江省旅游区（点）质量等级评定委员会正式列入创建 4A 级景区的预备名单。文化艺术核心板块，已建成并开放巴伐利亚容克庄园、香都钢琴艺术馆、西方近代工业文明博物馆等风格迥异、各具特色的博物馆群。此类专题博物馆计划建成 20 座，藏品囊括钢琴、家具、油画、陶器、书籍、照相机、收音机、缝纫机、怀表等几十个品类上万个单品。进口商品城在构建以国内大循环为主体、国内国际双循环相互促进的新发展格局的大背景下顺势而为推出“数字奥莱”流通模式，致力于建设国际化的跨国运营模式平台、国际化的服装原创设计交互平台和服装行业国际信息交互平台，以“中国第一座进出口服装城”为定位打造香都服装基地。

平湖·国际进口商品城是一种以大量的进口商品为基础、以完整的产业链为支撑、以独特的建筑和跨境电商线下体验为亮点，以自我发展为核心最终实现产业从引导、引入到自我聚集、自我发展的商业模式。在进口商品上旨在开创F2C（工厂到顾客）的商品直流模式，即砍掉中间诸多的环节和生产商直接合作，致力于提供高品质亲民价格的产品。目前，平湖·国际进口商品城已与全世界五大洲几十个国家建立贸易合作关系。海外直采商品达5 000余种，线上线下商品SKU达3万余种。在德国、法国、意大利、葡萄牙、菲律宾、日本、韩国设立采购办事处，建立了独具优势的F2C购销一体化模式。

“丝绸之路经济带”和“21世纪海上丝绸之路”重大倡议的提出，将平湖·国际进口商品城再次推到聚光灯下，也将陈坚多年的努力照进现实。2016年至今，平湖·国际进口商品城致力于“一带一路”建设的部署。近几年来，进口商品城还在甘肃兰州、山东威海选址，分别建立兰州新区平湖·国际进口商品城、吉上国际进口商品城，在上海、浙江、天津等地开设热唯（RE&WE）国际进口商品旗舰店、爱百分连锁便利店、洋百分跨境电商体验店，正快速稳步朝着最具特色与活力的进口商品交易平台迈进。

平湖·国际进口商品城紧跟国家号召，不断突破自我，创下“第一辆企业班列”的辉煌成就。平湖·国际进口商品城中欧专列，是中国与“一带一路”共建国家加快贸易往来的见证，打开了“一带一路”的新篇章，为新丝绸之路经济带提供了极大的助力。兰州中欧专列的顺利首发，打通了西北和欧洲的进口商品通道。平湖·国际进口商品城和甘肃省兰州市政府签订协议，将兰州定为国际进口城的仓库和中转站。2017年，一期营运面积5 000平方米的兰州新区平湖·国际进口商品城顺利开业。兰州作为“丝绸之路经济带”的中联点和亚欧大陆桥的必经之地，在“一带一路”倡议中演绎着经济发展枢纽城市的重要角色，平湖·国际进口商品城在兰州开通了一条国际货运大通道。中欧班列从德国

平湖·国际进口商品城内貌

赫恩市出发，途经波兰、白俄罗斯、俄罗斯、哈萨克斯坦，抵达甘肃兰州，只需 19 天左右，而走海运通常要 50 多天。这不仅大大缩短了欧洲到国内的货物运输时间和运输距离，而且简化了通关手续，延长了商品的保质期和销售期，由欧洲直接陆路运输到国内，让平湖·国际进口商品城秉承的“纯全惠”特点落到实处。平湖·国际进口商品城开通的中欧专列，是中欧铁路自 2011 年开通以来的第一列企业专列，给中欧物流提供了一个新通道，也开启了民企“国际专列”货物运输的先河。平湖·国际进口商品城“中欧专列”不仅带动“丝绸之路经济带”的贸易往来，也在很大程度上满足中国西北地区对于进口商品的需求，带动了以兰州为中心的广大西北地区对欧洲贸易往来，欧洲各国也会因合作获得更广泛的市场，有助于其深入参与“一带一路”建设。

近年来，平湖·国际进口商品城积极参与浙江企业走进“一带一路”产业对接系列活动、参加二十国集团工商峰会（B20）、与匈牙利国际贸易署签订MOU等，以助力“一带一路”建设稳步推进，将“一带一路”共建国家优质的商品和文化惠及国内老百姓。

踏浪“一带一路”，架起沟通合作之桥

平湖·国际进口商品城积极参与“一带一路”建设，持续发展成为沪浙融合的桥头堡和长三角科技城现代服务业的综合平台。土耳其是“一带一路”的共建国家，中国香港则是“一带一路”倡议的重要节点和首选平台。进口城热情接待了中国香港贸促局和土耳其大使馆的来宾，并以平湖以及张江长三角科技城园

平湖·国际进口商品城服装区

区发展的实际成果和老百姓生活改善的鲜活事例，向他们讲好中国故事。

受兰州市政府邀请帮忙为返程的中欧专列开发回程货源后，法国国会议员等政府官员和进口商品城建立起了深厚的友谊及合作关系，并对进口商品城在进口贸易领域的实力表示了认可。得益于中法良好的双边关系，法国国会议员跨越重洋前来进口商品城参观考察，并邀请赴法回访交流。进口商品城也积极响应“一带一路”倡议，多次前往法国勘测调研、洽谈磋商，加快推进法国里尔跨境外贸园区（海外仓）项目落地建设。

德国是“一带一路”西端最重要国家之一。在长期的贸易往来中，进口商品城始终和德国保持着密切且良好的合作关系。在陈坚董事长的指示下，进口商品城工作人员专门到马克思故居实地调研并和德国友人进行了友好交流沟通。考察结束后，进口商品城在德国街区内打造了红色莱茵馆（马克思纪念馆），助力嘉兴打造“重要窗口”最精彩板块。

经贸展会的战略布局不仅为中国在“一带一路”共建国家和地区的投资与贸易提供了平台，而且显示了开放的中国对全球经济与贸易的贡献。近几年，进口商品城踊跃参加了上海中国国际进口博览会、海南中国国际消费品博览会、嘉兴进出口商品博览会、宁波中国-中东欧国家博览会暨国际消费品博览会、青田华侨进口商品博览会等一系列经贸展会，积极发挥其作为“一带一路”共建国家和地区经贸合作重要参与者的影响力，携手共建国际物流“新通道”。

近年来，平湖·国际进口商品城以侨架桥，充分发挥侨界创新创业平台作用，为当地新侨工作的顺利开展给予了大力支持，为新侨双创创造了资源共享、服务交流的平台。作为进口贸易行业实施“一带一路”倡议的急先锋，进口商品城近年来相继举办浙商国际进口博览会、“创业中华·江海筑梦”长三角华商大会浙江段活动、“相聚长三角”活动等20余次，接待法国国会议员、“一带一路”共建国家使领馆官员代表、国际知名组织负责人、全球商界领袖、知名专家学者以及各国浙商商会会长等海内外人士逾千人，为他们搭建一个增进友谊、共商发展的民间国际文化交流平台，向他们讲好中国故事，通过各类展会广泛接触国外华人华侨和团体协会，坚持用中国梦增进团结、凝聚共识，汇集磅礴力量。

未来，平湖·国际进口商品城将继续践行“一带一路”倡议，充分发挥中小企业的作用，为区域互联互通、经济社会发展提供可持续的产业合作支持，发挥自身优势和积累的宝贵经验，实现“一带一路”建设绿色发展，同时，做大、做强、做深进口商品展销平台，承接中国国际进口博览会溢出效应，开展企业洽谈、项目对接等活动，深化“一带一路”将进口商品和服务“引进来”的建设，扩大进口城项目投资建设，和当地政府共同搭建海归人才创新创业对接互促平台，助推打造长三角科技人才集聚高地，深化“一带一路”人才回归建设。进口商品城充分发挥浙江连接“一带”和“一路”的纽带作用，依托浙江深厚的文化底蕴与丝路沿线国家的历史文化渊源，深度挖掘特色人文资源，促进中外城市间多方位多领域交流合作，带动经贸合作走深、走实、走强，帮助推进科技创新和职业教育国际合作，加快推进中西合璧的法国里尔跨境外贸园区（海外仓）落地，不断做大海外市场，打造第三代海外产业园，为“一带一路”高质量发展注入强劲动能。在保障经济利益、输出产品和技术的同时，进口商品城重点打造和提升中国企业海外品牌形象，重视人文交流和对当地社区的融入，讲好“一带一路”和中国企业的故事，逐步形成国际化的品牌效应，实现国际化管理。

【专家点评】

与陈坚先生从未谋面。与陈坚先生的“交流”，源于平湖·国际进口商品城。

2019年，在国家会展中心内，占地面积4 900余平方米的热唯进口超市，是“四叶草”内的长期展区和最大展位，引来了不少客商的注意，也吸引了我们的注意。

根据当时超市负责人介绍，其商品均由总部平湖·国际进口商品城统一采购。2019年6月26日下午，我们和浙江省商务研究院一行赴平湖·国际进口商品城调研。走入其中就仿佛进入了一个欧洲小镇世界，欧式建筑结构和风格，彩色房屋、壁画雕塑、石板街道，置身其中有一种瞬间像是穿越到国外一个陌生的环境中。根据时任平湖·国际进口商品城副总裁郑笔锋介绍，这一切都是由集团董事长陈坚打造，由此我们与陈坚先生得以“交流”，也看到了以陈坚为代表的一代人、一代华商如何与我们的改革开放共脉搏的故事。

1992年，陈坚来到葡萄牙。1993年，他在葡萄牙北部开办了第一家中国人的进出口商贸公司，并在里斯本试水“中国城”，推动华人在欧洲向日用百货批发领域发展。就在此时，中国的出口以非凡的速度在增长。1980年之前，中国的整体出口不到全世界出口的1%，然而在改革开放之后的24年，2004年，中国的出口占全世界的份额达到了6.4%，超过了当时亚洲最大的经济体日本。2007年，中国的出口占全世界出口份额8.7%，超过美国。2009年，中国的出口达到全世界的9.6%，超过了德国，成为世界第一大出口国。这段时间，“Made in China”开始风靡全球，在海外旅行，我们一不留神就会将“Made in China”的产品再买回来。中国出口的飞速发展，离不开“陈坚”们的努力，是海外华人凭着直达国际市场的触觉和对中国制造业的自信，将中国商品带到了海外。

2008年金融危机之前是超级全球化时代，表现为产业、贸易、金融的自由化和全球化，生产要素的全球流动配置，全球价值链的快速形成和扩展。然而，2008年金融危机终结了贸易的超级全球化。不仅全球经济发生变化，中国也进入新的发展阶段。过去，中国发展更为倚重国际市场，即通过吸引外资和对外出口推动经济增长。在此过程中，中国完整的供应链和产业链逐渐构筑，消费者收入水平得到提高，国家统计局数据显示，2015年以后，消费对中国经济增长的贡献率超过50%。

中国消费市场对自身经济发展、对整个全球经济而言重要性提高。2017年5月14日，在“一带一路”国际合作高峰论坛高级别会议“推进贸易畅通”平行主题会议上，《推进“一带一路”贸易畅通合作倡议》正式发布。根据倡议，中国将从2018年起举办中国国际进口博览会。以进口为主题的国家级博览会，放眼全球，没有先例，这是世界第一个。

而在之前，2011年“风云浙商”颁奖典礼上，主持人白岩松问陈坚为什么选择回国创业，还带着葡萄酒回来，陈坚回答：“我不但要把国内好的产品带到国外，还要把国外好的产品带回中国来。”2013年6月，平湖·国际进口商品城开始动工建设，成为浙江省浙商回归重点项目、浙江省服务业重点项目、浙江省重点建设项目、平湖市“十二五”重点建设项目。

2020年新冠疫情暴发、2022年俄乌冲突、2023年巴以冲突……世界变得格外喧闹，显得“四叶草”里的人们更为专注。年复一年的进博会，也没有辜负参与者的热情。进博会累计意向成交额从首届的578.3亿美元，到2024年第七届的800亿美元，为展商搭建了广阔的市场推广平台。这些商品每年都会通过“陈坚”们搭建的各种“平湖·国际进口商品城”源源不断深入中国市场。

过去40余年，中国经济在融入经济全球化过程中，构建了有利于发展出口和吸收外资的体制机制。在新的发展阶段，中国外贸发展从出口导向转向进出口平衡，因此外贸管理制度从出口的便利化和自由化转向出口和进口的便利化和自由化。在外贸管理制度调整过程中，尤其是进博会推动开放更大的市场，不可避免会涉及管理思维和管理路径的碰撞，而其中居高不下的进口消费品价格导致万亿元海外消费外流。陈坚带领着平湖·国际进口商品城探索了通过“F2C”（即从厂商到消费者）的商品直流模式，降低成本约20%到30%，破解了进口流通机制问题。

“陈坚”们，把中国商品带向了世界，也让世界商品惠及中国。此刻，越来越多的“陈坚”已经不满足商品的出海，投资的出海成为他们更新的选择。企业国际化理论中，强调了企业从其他组织或同行经验中学习的重要性，我们也期望“陈坚”们把跨国公司国际化的经验“带进来”，再把中国企业国际化的故事“带出去”。（张娟，上海市商务发展研究中心副主任、研究员）

后　记

2013年，“一带一路”倡议提出后，包括温商企业在内的中国民营企业坚持以市场为导向，以项目为载体，积极参与共建，成为活跃在这一国际合作新平台的生力军。

为进一步深入研究在沪温商企业参与共建“一带一路”的国际化发展道路并对其经验加以总结，2022年9月，上海市浙江温州商会、温州市在沪温商慈善基金会和上海社会科学院国际问题研究所签署合作协议，组成了联合课题组。在上海市浙江温州商会李丏腾会长的指导及厉蓓蕾秘书长的协调下，上海社会科学院国际问题研究所所长王健研究员带领课题组成员吴泽林博士、胡丽燕博士等对一些具有代表性的企业开展调查研究，并在此基础上深入研讨、写作、修订，最终形成本书。我们还有幸邀请到业内资深专家对企业案例进行了点评，并附在书中。我们希望本书能够为中国民营企业把握大变局下出海新趋势、推进企业全球发展与布局提供有益的经验借鉴。

在此，我们还要感谢上海市浙江温州商会秘书处刘文洋老师的辛勤工作，感谢上海社会科学院出版社高效细致的工作！

上海市浙江温州商会

温州市在沪温商慈善基金会

上海社会科学院国际问题研究所

2025 年 2 月 7 日